DESARROLLO DE COMUNIDAD Y SUBCULTURAS

Trabajo Social y Antropología Cultural.

Teresa Porzecanski

Capítulo I

DESARROLLO DE COMUNIDAD Y CAMBIO SOCIAL Y CULTURAL

Problemas relativos al cambio socio-cultural

Una de las dificultades más importantes que no han podido resolver los estudios de las ciencias sociales –en lo que alude a lo intrínseco de su propio desarrollo epistemológico– es el esclarecimiento de todos los aspectos causales relacionados con el cambio social. Si bien en las dimensiones descriptivas, disciplinas como la sociología, la antropología social y cultural, la psicología social, la economía, etc., han hecho aportes singulares que contribuyeron, sobre todo a partir de la primera mitad de este siglo, a dilucidad las muchas manifestaciones de cambios sociales aislados ocurridos en el proceso histórico o, provocados orientadamente a través de incidencias planificadas, el cambio social como hecho "per se", al ser abordado por teorías interpretativas, ha quedado reducido esquemáticamente a recetas, por un lado, historicistas (en Hegel, Marx, Max Weber, entre otros) o, por otro, autoequilibrantes (funcionalismo, estructuralismo, análisis sistemático, Gestalt).

Dentro de las diversas hermenéuticas a partir de las que podemos encuadrar las teorías más difundidas, podemos reconocer, fundamentalmente, dos posturas excluyentes:

a) Las que explican el cambio social apoyadas en la teoría darwinista biológica de la transformación causal y paulatina de ciertos estados en otros de mayor complejidad, como por ejemplo el evolucionismo, el multievolucionismo, el historicismo, el materialismo dialéctico y el positivismo. En todas subyace la idea de que la alteración tiene una dirección que va desde lo más simple hasta lo más complejo, desde lo menos elaborado (y por lo tanto menos perfecto) hasta lo más elaborado (y por lo tanto más perfecto). La idea comtiana de "progreso" pauta los cambios, y hay dos señalamientos importantes que caracterizan esta posición: 1) Se trata de una sucesión de estados relacionados exclusivamente por vínculos causa-efecto. La causa del cambio es el agregamiento de un factor nuevo (genético, cultural, económico) que produce efectos al ser integrado en el estado anterior. 2) Esos efectos pueden ser graduales o darse en forma de conmoción (si el elemento es dicotómico). El resultado es un estado nuevo, sincrético, de mayor complejidad, y la sucesión de estados se encamina hacia un fin ulterior (metafísico, teológico, social, económico).

b) Las que no explican pero describen cada estadio, en el proceso de cambio socio-cultural. La interpretación supone que cada estadio es una configuración armoniosa de partes cuya interrelación dinámica produce nuevos estados, que no suceden causalmente a los anteriores, sino que irrumpen sorpresivamente y se instalan (funcionalismo, estructuralismo, Gestalt). La formación de estas configuraciones es igualmente armoniosa a pesar de la dinámica permanente de los elementos que las componen. Esta dinámica genera cierta estabilidad en la base del sistema, que es la que determina sus particularidades y su coherencia interna. Dentro de la dinámica, cada estadio guarda igual complejidad y no existe tendencia creciente hacia una conformación particular determinada. Se rebate la idea de "progreso" (¿qué significa, de todas maneras, sino un punto de vista relativo y parcial?) y de causalidad. O por lo menos, la causalidad que se sugiere, respecto del cambio socio-cultural, resulta tan amplia, que su propia multiplicidad hace difícil enfatizar un factor sobre los otros.

Estas dos posturas, a veces enfrentadas, parece que no han podido encontrar intermediación. Y sin embargo, esta exclusión mutua provoca la necesidad de complementariedad. Porque, "el cambio social se refiere al proceso inteligible en el cual podemos descubrir alteraciones significantes en la estructura y funcionamiento de determinados sistemas sociales, y las implicaciones de esta definición pueden ser exploradas enfocando nuestra atención sobre los términos claves: sistema social, estructura, función y alteración significante"[1]. Se trata, entonces, de una complementariedad de contenido y de forma, que los dos grupos de teorías mencionadas, por propia coherencia metodológica interna, se resisten a admitir. En efecto, mientras el primer grupo se aboca al estudio de los contenidos cambiantes, manifiestos, aparentes, visibles o comentados de las culturas, el segundo grupo se refiere al esqueleto formal, al ordenamiento y a la relación interna con que este contenido se va conformando. Y, en tanto que las teorías del primer grupo se ocupan de la variabilidad propiamente dicha del fenómeno humano en el transcurrir diacrónico, el segundo grupo de teorías se ocupa de la permanencia subyacente, de los caracteres estables que se desarrollan en los niveles sincrónicos. Dos coordenadas asimilables a *tiempo* y a *espacio* se conjugan en abordajes aparentemente opuestos, y sin embargo, confluyentes, en la medida de una interpretación global. A ello se refiere indirectamente, Boskoff, cuando dice:

"Los hechos básicos (del cambio social) son interacciones observables entre las personas; de estos hechos podemos distinguir: 1) patrones de asociación y relaciones a través de los cuales las personas se influyen o se motivan mutuamente, y 2) ciertos productos de esas regularidades bajo la forma de valores comunicables, normas y pautas. Al primer aspecto lo designamos como "social", y al segundo como "cultural", reconociendo que no son antitéticos sino simplemente reflejan facetas distintas pero complementarias de la experiencia humana"[2].

El problema que subyace a esta cuestión de oposición y complementariedad, es, además de metodológico, inherente al problema del conocimiento en las ciencias sociales en general. En un ensayo de próxima aparición[3], anotábamos que la manera como se genera el conocimiento en ciencias sociales era uno de los condicionantes más notorios para la creación de la teoría. Esta no puede tener de ninguna manera validez

---

1

[ ] Boskoff, Alvin. *Modern Sociological Theory in Continuity and Change.* Cap. 9 Parte II. Mimeo Nº 2 del Instituto de Ciencias Sociales de Montevideo, Fundación de Cultura Universitaria, 1971, pág. 6.

2

[ ] Boskoff, Alvin, op. cit.

3

[ ] Porzecanski, Teresa. *Mito y realidad en Ciencias Sociales.* Editorial Hvmanitas, Buenos Aires, 1982.

universal, por las limitaciones históricas o contextuales que relativizan sus propuestas. Así lo explican Berger y Luckman, cuando dicen:

"¿Cómo puedo estar seguro, digamos, de mi análisis sociológico de las costumbres de la clase media norteamericana en vista del hecho de que las categorías que utilizo para dicho análisis están condicionadas por formas de pensamiento históricamente relativas: de que yo mismo y todo lo que yo pienso estamos determinados por mis genes y por mi arraigada (hostilidad) hacia mis semejantes, y de que, para colmo, yo mismo formo parte de la clase media norteamericana"[4].

La pretensión universalista de los científicos sociales de proveer teorías explicativas de grandes configuraciones sociales y culturales no condice con un criterio dialéctico de la conformación científica, criterio que es esencialmente relativista, que propugna que la verdad completa es sólo un conjunto de verdades parciales y que permite una idéntica apertura frente a teorías contrapuestas y excluyentes, y la necesidad de que las concepciones teóricas incluyan, por esencia, un elemento ambivalente, contradictorio, dialéctico. La paradoja que crea llevar este pensamiento a sus últimas consecuencias es que inaugura un principio de relativismo difícil de aceptar para el campo de las Ciencias Sociales, el de la vigencia limitada de cada teoría a un contexto también delimitado, en cada tiempo, en cada lugar. Un reconocimiento de esta condicionante desterraría la ambición de "universalismo" calcada del afán de las Ciencias Exactas y Naturales. Éstas, porque justamente no se producen predominantemente de una práctica social, sino que se articulan por la experimentación controlada y las reglas de la lógica formal, se han instalado en un nivel de universalismo preciso, adecuado para su crecimiento autónomo.

Problema de la causalidad en las Ciencias Sociales

Todo esto nos llevaría, más precisamente, al tema de la causalidad dentro de las Ciencias Sociales[5] y a su planteo más importante. El valor epistemológico de la idea de causalidad es incuestionable, al punto que, como afirma Grundbaum, "si el comportamiento humano, tanto individual como social, no mostrara sucesiones de causa a efecto, entonces el método científico sería esencialmente irrelevante para la elucidación de la naturaleza del hombre y tanto la sicología científica como las ciencias sociales se verían impedidas en forma permanente de alcanzar el estado de ciencias"[6].

4

  [ ] Berger y Luckmann. *La construcción social de la realidad.* Amorrortu Editorial, Buenos Aires., 1968, pág. 17.

5

  [ ] Porzecanski, Teresa, op. cit.

6

  [ ] Grunbaum, A. *Causality and The Science of Human Behaviour.* Traducción a ficha mimeo, Fundación de Cultura Universitaria, Montevideo, 1972.

Lo que no aparece claro, sin embargo, es si se trata de que el comportamiento humano "muestre" leyes causales, o se trata de que la teoría social "encuentre" o "identifique" leyes causales dentro del comportamiento humano. En otras palabras, las leyes causales, ¿existen en una realidad objetiva o en el proceso racional del pensamiento humano? Según Grunbaum, "el aprendizaje científico o racional a partir de la experiencia pasada consiste en descubrir regularidades causales de las cuales anticipar el futuro", y parecería entonces, que la causalidad se resuelve solamente dentro de las formas de pensamiento y no en una manera de ser inherente a la realidad objetiva.

Por otra parte, hay un aspecto moral ligado al postulado de la causalidad: la necesidad de control humano sobre el mundo. La posibilidad de que no sea factible predecir el futuro del desarrollo histórico, social y cultural, de manera causal –o de cualquier otra forma– hace que exista inseguridad y terror frente al riesgo de autodestrucción que el pensamiento humano eventualmente afrontaría, en el caso de que las acciones del hombre fueran absolutamente arbitrarias. La sociedad, consecuentemente, carecería de control social y no podría establecer sanciones frente a un accionar impredecible. El pensamiento racional, siguiendo fielmente la tradición cartesiana, se erige como garantía indirecta, en un símbolo al que el hombre acude para defenderse de sí mismo. Pero, asimismo, ilustra su paradoja más terrible: el ser humano es ambivalente, dual, oscilante, y el racionalismo, durante estos últimos siglos, ha demostrado ser protección escasa contra los dogmatismos y las acciones arbitrarias.

¿Qué tipo de cambio socio-cultural?

El dominio técnico de la naturaleza, el desarrollo económico y científico, sin embargo, están divorciados de una dirección y un sentido predominantemente social. El impacto de la ciencia y de sus consecuencias sobre el modo de vida del hombre ha alcanzado solamente a aquellos que tienen acceso a esas fuentes por posibilidades económicas o educacionales. Es así como la enorme mayoría de la población del planeta presenta gradaciones contrastantes en cuanto a lo que podría considerarse "progreso" social. Queremos decir, como señala Mannheim[7], que existe un desarrollo no proporcional de las capacidades humanas, desarrollo desproporcionado en el orden moral y en el orden material, en cuanto a que el manejo y la propiedad de los adelantos científicos, culturales y sociales, son privilegio, en vez de ser una tenencia de uso corriente.

Por un lado, entonces, el saber técnico y sus consecuencias no guardan relación con su aplicación a fines valorados socialmente; por otro, y surge de lo anterior, hay una desigualdad generalizada en relación a un tipo de desarrollo humano, en el que las necesidades básicas estén razonablemente satisfechas y haya estimulación de las potencialidades de reflexión. De que las metas del desarrollo socio-cultural no terminan, de manera alguna, en la satisfacción de las necesidades estrictamente vitales, es un problema no menos importante. Porque el hombre no es sólo material, en el sentido de

---

7

[7] Mannheim, Karl. *El hombre y la sociedad en la época de crisis.* Editorial Leviatán, Buenos Aires, 1958, págs. 26-27.

un producto natural o físico, y porque la educación lo transforma para asumir y percibir nuevos contactos con el mundo interior y exterior a él, la mera satisfacción de las necesidades biológicas, no alcanza para conformar el desarrollo humano.

Discrepamos aquí con el funcionalista Bronislaw Malinowski[8], porque no se trata de devolver al hombre a la naturaleza en los mismos términos en que salió de ella. Toda la creación cultural de las diversas sociedades habla desde el principio de procesos de cambio social que tienen un sentido teleológico inscripto en la conformación de la esencia humana misma. Sería muy simple y esquemático, plantear aquí que el objetivo del desarrollo debe ser la satisfacción de las necesidades vitales básicas, si bien es cierto que sin su satisfacción, no podrían descubrirse otras necesidades, igualmente básicas: los sistemas de creencias, la religiosidad misma, los ordenamientos interpretativos teogónicos o cosmogónicos, y los emplazamientos éticos que todos los grupos establecen en sus códigos –por más "arcaicos" que estos sean– han mostrado que el ser humano no se agota en la comida, en la salud, en la reproducción, en el trabajo lucrativo y en el esparcimiento. Las creaciones no-materiales en el campo del arte, la religión, el lenguaje, la mitología, la magia, etc., han ilustrado que el cuerpo material encubre también un deseo de trascendencia y de comunicación ulterior que vertebra la cultura humana de una forma capital.

Cabe mencionar aquí que Levi-Strauss ha hecho una acerba crítica del concepto de "sociedades arcaicas" y del concepto de "progreso" implementando una interpretación que parte de la complejidad originaria de la cultura de *todo* grupo humano, por más pequeño o insignificante que pareciere en los resultados de su quehacer material.

Por estas razones, no se puede decir que la técnica ultramoderna queda en sí misma invalidada si no está inmersa en formas de desarrollo humano que tiendan a la conformación de leyes sociales y códigos éticos que lleven al hombre "más allá de su propia materia". Una profundización de estos aspectos nos llevaría a plantearnos el problema del desarrollo en otros campos que, hasta ahora, han sido dejados de lado por el Trabajo Social y las Ciencias Sociales: campos en que filósofos como Theilard de Chardin han hecho grandes aportes.

Porque el cientificismo social despegado de la filosofía y de la ética se transforma meramente en una manipulación experimental, más atingente a un laboratorio, que a la vida humana. Y porque el Servicio Social ha olvidado –quizás– que los propios orígenes de la ayuda social se situaron más cerca del sentimiento y de la emoción que del pensamiento racional, es necesario recuperar elementos perdidos en la dura tarea de la construcción científica. Que hay otras maneras de comprensión que no excluyen el método científico, y que tal vez se deba investigarlas puesto que aprehenden otro tipo de cualidades del ser, puede ser uno de los tópicos más necesarios de clarificación para el logro de un avance en las ciencias humanas.

Así dice A. Schutz:

"Si busca objetividad cuando se refiere al hombre en sociedad, la ciencia social de nuestros días debe alcanzar una mayor adecuación subjetiva. La base teórica para analizar al hombre ha de ser evaluada por su adecuación subjetiva y objetiva. Por paradójico que parezca,

8

[8] Malinowski, Bronislaw. *Una teoría científica de la cultura*. Editorial Sudamericana, Buenos Aires, 1967.

para ser objetivos acerca del hombre debemos comprender el mundo subjetivo de los significados. Y aunque algunos hombres hayan tratado de hacerlo y fracasaron en su búsqueda de una total objetividad, ello no significa otra cosa sino que dicha objetividad es un ideal nunca logrado del todo. Si bien admitimos que es humanamente imposible evadir en forma total el propio y limitado marco de valores, debemos insistir en que sólo a través de esos valores es posible alcanzar una objetividad mayor. Por consiguiente, la objetividad se logra mediante interpretaciones subjetivas precisas de la realidad, que amplíen la base teórica del análisis"[9].

El problema de la comprensión de la realidad escapa, epistemológicamente y ontológicamente, a los fines de este trabajo, pero no podemos dejar de mencionar que los estudios de Paul Ricoeur[10] han abierto un campo de investigación al que las ciencias sociales no pueden dejar de prestarle atención. Valga, para este estímulo, la siguiente conclusión de Ricoeur:

"Es preciso, entonces, salir deliberadamente del círculo encantado de la problemática del sujeto y del objeto, e interrogarse sobre el ser... Comprender no es más, entonces, un modo de conocimiento, sino un modo de ser, el modo de ser que existe al comprender"[11].

Cambio socio-cultural y cambio en la estructura básica de la personalidad

Es necesario hacer aquí referencia a que todo cambio socio-cultural es también, y *al mismo tiempo,* una condición y una consecuencia de un cambio en la "estructura básica de la personalidad societal", usando la acepción de Kardiner[12]. Las instituciones que existen en un tipo de estructura social son puestas en acción por individuos, por aquellos individuos para quienes son válidas, o quienes las legitiman. Las instituciones y las pautas de un sistema social se adentran en la mente del grupo que las hace propias y las integra como parte de las mentalidades, en tanto que aparecen como "convicciones

---

9

[] Schutz, A. *The problem of Social Reality: Collected Papers I.* Citado por Bruyn, Severyn en *La perspectiva humana en sociología.* Amorrortu Editores, Buenos Aires, 1972, pág. 193.

10

[] Ricoeur, Paul. *Hermenéutica y estructuralismo.* Ediciones Megápolis, Buenos Aires, 1975.

11

[] Ricouer, Paul, op. cit., pág. 11.

12

[] Kardiner, Abram. *El individuo y su sociedad.* Fondo de Cultura Económica, México, 1945.

susceptibles de provocar estados emocionales"[13], dando lugar, este proceso, a un tipo de pensamiento colectivo o análogo, en todo un conjunto de personas.

Entiende Bouthoul que "estructura mental es un residuo psicológico irreductible, estable, hecho de inicios, de conceptos y de creencias a las cuales se adhieren, en el fondo, todos los individuos de una misma sociedad"[14]. En otras palabras, la forma de introyectar el medio ambiente social en nuestra vida constituye, a su vez, un nexo con ese medio. Hacia el mundo exterior ocupamos papeles (roles) que tienen un marco definido por derechos y obligaciones. A su vez, la conducta del rol le da a la estructura social una relativa estabilidad y continuidad a través del tiempo.

En definitiva, poseemos como pueblo o como grupo social autónomo, una similar estructura de carácter, entendida como "estructura" psíquica ligada a los roles sociales de la persona[15], tal como se ilustra en el siguiente cuadro:

ESTRUCTURA DEL CARÁCTER

Persona

r

o

l

Instituciones

ESTRUCTURA SOCIO-CULTURAL

Los roles representativos de una estructura social se internalizan a través de la persona dando lugar a un tipo de estructura del carácter, más o menos generalizado y más o menos identificado. Llegamos así a reconocer un tipo de estructura básica de la personalidad distintiva de cada grupo humano. Se entiende este concepto como "configuración psicológica particular de los miembros de una sociedad dada que se manifiesta en cierto estilo de vida sobre el cual los individuos bordan sus variantes singulares"[16]. En otras palabras, la base de la personalidad sobre la cual se desarrollan

---

13

   Bouthoul, Gaston. *Les mentalités.* Traducción y edición del Centro de Estudiantes Universitarios de Servicio Social, 1960.

14

   Bouthoul, Gaston, op. cit.

15

   Gerth y Mills. *Character and Social Structure,* 1ª parte, cap. II, traducido y editado en ficha mimeo Nº 30, Fundación de Cultura Universitaria, 1972, pág. 17.

16

los rasgos de carácter, está formada por "constelaciones elaboradas en el individuo para permitirle adaptarse a las instituciones de la estructura social"[17].

Esta idea lleva a considerar el hecho de que la personalidad de base pasaría a ser, en algún sentido, no influenciable por la experiencia, o por lo menos, que la experiencia sería vivida a través de la personalidad de base y en la manera en que sus constelaciones de adaptación social ("sistemas proyectivos") lo determinasen. La compleja densidad de una idea como la que desarrolla Kardiner[18] y que nosotros aplicamos aquí para demostrar ulteriormente los alcances y las finalidades de un nivel de acción social como el de Desarrollo de Comunidad, necesita de otras consideraciones que los márgenes del tema y de este trabajo nos obligan a dejar de lado. Queremos, sin embargo, dejar sentada la importancia del punto de vista que sugiere considerar a las sociedades como núcleos más o menos integrados de instituciones y de individuos que las activan, de pensamientos y de conductas que se autogeneran y regeneran permanentemente en la estructura de la personalidad societal.

Pero esta idea que al autor le sirve como elemento científico generalizado para distinguir y comprender sociedades y grupos de diferente individualidad, nos va a servir a nosotros para proponer un camino hacia formas de conocer actitudes y valores de subgrupos sociales diferentes. Siendo la estructura de la personalidad básica, una representación de características personales congruentes con la gama total de las instituciones comprendidas[19] dentro de una cultura determinada, el intercambio *personalidad-instituciones* es dinámico. Sin embargo, no puede hablarse de una personalidad societal definitivamente formada y terminada. Puesto que "los cambios operados en ciertas instituciones se traducen en mutaciones de la estructura de la personalidad básica, al tiempo que los cambios experimentados por ésta conducen, a su vez, a la modificación o reinterpretación de las instituciones existentes"[20], debemos anotar, para desarrollar la idea operativa de Desarrollo de Comunidad que, si queremos

---

▯ Kardiner, Abram, op. cit.

17

▯ Kardiner, Abram, op. cit.

18

▯ Kardiner, Abram. *Psychological Frontiers of Society.* New York, 1945.

19

▯ Kardiner, Abram. *El individuo y su sociedad.* Prefacio de la edición de Fondo de Cultura Económica, escrito por Ralph Linton.

20

▯ Kardiner, Abram, op. cit.

que una estructura social cambie, un camino obligado es actuar técnicamente sobre la estructura básica de las personalidades del grupo o de la subcultura, de manera tal que esa acción los lleve a una revaloración de la estructura institucional y al deseo de innovarla.

Este punto de vista, no suficientemente valorado en Trabajo Social, es de crucial importancia cuando se hace la evaluación de los fracasos de los programas aplicados por organismos internacionales en regiones de América Latina, Asia y Africa[21]. El peligro de desconocer que los individuos no pueden aceptar cambios estructurales que previamente no hayan comprendido y deseado por sí mismos, en los estratos más profundos de sus personalidades, ha llevado a tipos diversos de imposición: desde elementos tecnológicos, que han sido mal aprovechados, con todo lo que ello implica desde el punto de vista de los recursos económicos y humanos, hasta elementos ideológicos dogmáticos, que han ahogado los procesos de pensamiento y de creencia autónomos que los grupos han creado a través de los siglos.

Sobre el otro tipo de camino a seguir, para lograr cambios: actuar premeditadamente sobre las instituciones de la estructura social y cambiarlas, hay ciertas consideraciones que deben hacerse. Por ejemplo, ¿puede el individuo comprender y aceptar un cambio institucional que él mismo no ha deseado? En otras palabras, ¿son compatibles las pautas que se quieren imponer con la estructura de la personalidad ya establecida en una determinada subcultura?

Parecería que la respuesta es tan obviamente negativa que sólo un equipo técnico que ignore las más mínimas formas de comunicación y ética, puede desconocerla. Sin embargo, cuántas veces la pretendida "verdad científica" o "verdad ideológica" se transforma en una excusa para evitar el largo proceso de diálogo y educación que un grupo debe realizar por sí mismo para descubrir sus propias verdades. Por más que cualquier premisa se considere el mayor aporte que la ciencia o la filosofía puedan dar al ser humano, de nada servirá en el proceso de su desarrollo, si no es descubierta como verdad por aquellos a quienes está destinada.

Cultura y personalidad

Así como sociedad y personalidad están estrechamente interpenetradas, personalidad y cultura también lo están. Todos los individuos de una sociedad, en base a una cierta comunidad elemental que integra su personalidad básica, tienden a actuar en la misma forma frente a una situación dada, institucionalizando patrones de conducta en relación a modos generales de vida. Es decir, las sociedades se perpetúan como entidades distintas y reconocibles a través de una forma particular de conducirse. Desde el punto de vista del individuo, el proceso de la socialización es, pues, el de aprender lo que tiene que hacer para otras personas y el de saber lo que de ellas está destinado a esperar[22].

21

[^] Foster, G. M. *Las culturas tradicionales y los cambios técnicos.* Fondo de Cultura Económica, México, 1964.

22

El conjunto de patrones culturales, unidades uniformes, recurrentes, regulares y estandarizadas de conducta, representa la respuesta normal y previsible de cualquier miembro de una sociedad a una situación determinada. En consecuencia –y a pesar de que habrá un infinito número de variantes en las respuestas concretas de todos los individuos pertenecientes a un grupo social– se podrá encontrar que, en líneas generales, hay una respuesta común ante una situación dada y un mismo esquema de conducta integrado a sus personalidades. Nace aquí la idea de *cultura* como abstracción de los patrones de conducta regulares, recurrentes y estandarizados que determinan a una sociedad en su esencia unitaria.

Según Nadel, "la cultura es la totalidad integral de los tipos de conducta estandarizada, entendiéndose por estandarizada, la conducta recurrente, regular, coherente y previsible"[23], de donde puede decirse que todo grupo social posee una cultura y que toda persona integrada a él es culta en tanto le da vigencia.

Sobre este punto, Linton enfatiza la capacidad de predicción que implica la vida social organizada, "pues si el individuo va a dedicarse a hacer cosas para los demás, tiene que estar seguro de que obtendrá algo en cambio[24]. Esta idea, que Linton refiere al tipo común de intercambio social que suponen los roles, y que, a su vez, entiende como conjunto de derechos y obligaciones, también puede ser referida a la planificación de una acción social de determinado alcance; es decir, la correspondencia entre *tipo de acción y predicción de conducta* es necesaria si se pretende conseguir cambios en esa conducta.

En realidad, toda cultura en estrecha relación con la sociedad que la posee, está continuamente cambiando, resolviendo problemas nuevos, o buscando soluciones para viejos problemas. Sin embargo, en tanto que hay estructuras sociales que se perpetúan relativamente, también hay contenidos culturales que se mantienen vigentes. El análisis de estos contenidos, de su correspondencia con valores éticos y sociales, es un punto ineludible para poder evaluar la urgencia y la cualidad del cambio, y a él nos referiremos en la segunda parte de este trabajo.

Lo que queremos enfatizar aquí, sin embargo, es el concepto de *totalidad del cambio*, totalidad entendida no sólo como incluyendo elementos que existen fuera del individuo, sino también y fundamentalmente, cambio de la conducta implícita al individuo mismo a través de la adaptación social que se le impone. Para funcionar dentro del sistema social, el hombre tiene que ajustarse a pautas culturales, y son estas pautas las que forman los canales de acceso a la individualidad y *a través de* los cuales

---

□ Linton, Ralph. *Cultura y Personalidad*. Fondo de Cultura Económica, México, 1962. Paráfrasis, pág. 39.

23

□ Nadel, S. F. *Fundamentos de Antropología Social*. Fondo de Cultura Económica, México, 1955.

24

□ Linton, Ralph, op. cit., pág. 34.

se puede establecer la comunicación significativa. Para el Trabajo Social, la relación humana es la herramienta operativa por excelencia.

Subcultura: unidad identificable

Para iniciar un acercamiento al concepto de subcultura (étnica, religiosa, ocupacional, de estrato social o etario o sexual, etc.) debe concebirse la realidad como una *totalidad compleja integrada por conductas, costumbres, tradiciones, creencias y valores* que pone en práctica constantemente el grupo social, que se generan y regeneran en el grupo mismo, totalidad que, por su complejidad intrínseca y por la naturaleza de su constitución, no puede escindirse en elementos aislados. O sea, el todo no es igual a la suma de sus partes y la complejidad no puede simplificarse. En este sentido, los intentos de abstraer contenidos separados, como objetivos de estudio aislados, de muchas disciplinas, invalidan la aplicación práctica de interpretaciones globales y favorecen la tendencia a los enfoques parciales.

El grupo humano y sus obras, el grupo en acción constante con el ambiente, es la unidad indivisible, que debe tenerse en cuenta a los efectos de una praxis social, no sólo porque éste es uno de los caminos más efectivos que conducirá a la transformación global de una situación dada, sino porque esta unidad indisoluble y la forma de conocerla plantean un enfoque distinto hacia la teoría: el conocimiento, aquí, también es una praxis social.

Entendida la praxis social como esencialmente relación social, vínculo existencial –del hombre con el hombre y del hombre con su entorno– resulta claro interpretar aproximadamente que *subcultura es un resultado de la praxis social que identifica y caracteriza a los grupos humanos, ordenándolos dentro de la trama global.*

Ilustrando el problema en el ámbito lingüístico, Herscovitz[25] cita un estudio de Sapir sobre la variación lingüística como forma de diferenciación grupal, y dice: "Toda persona manifiesta idiosincrasias en sus particulares hábitos de lenguaje. Y, a pesar de esto, en una clase social o en un área local, los que hablan un lenguaje común forman un grupo compacto, relativamente unificado"[26].

Sapir entiende por lenguaje, la representación simbólica de los elementos de la experiencia[27] de donde surge que la variación lingüística corresponde a diferencias culturales concretas, a universos experienciales diferentes, a una distinta cosmovisión. Así lo reconoce el mismo Herscovitz cuando dice, respecto al estudio de Sapir: "Si

---

25

[ ] Herscovitz, Melville. *El hombre y sus obras.* Fondo de Cultura Económica, México, 1968.

26

[ ] Herscovitz, Melville, op. cit., pág. 631.

27

[ ] Sapir, Edward. *El lenguaje.* Fondo de Cultura Económica, México, 1954, p. 18.

traducimos esto en términos de nuestro estudio de la variabilidad de la cultura como conjunto, podríamos decir que las diferencias individuales en las creencias y en el compartimiento de personas que pertenecen a un subgrupo o comunidad local dentro de una sociedad particular, están sumidas en los consensos que caracterizan las subculturas de los dos grupos, y de este modo hacen posible distinguirlos unos de otros en términos de sus patrones típicos de pensamiento[28].

El hecho socio-cultural no se presenta fragmentado sino en una unidad indisoluble que es el grupo en relación constante con el ambiente, y los hilos que conducen a este hecho –a nivel de investigación científica– son las conductas, las creencias, los valores, las tradiciones, los mitos, las obras, el lenguaje. Cada grupo crea y actúa su subcultura, y conocerla es conocer el hombre concreto que la constituye.

A través de sus formas de vida, de su ideología, de sus pensamientos, es como las subculturas se expresan en el marco de la realidad. Y estos puntos de investigación constituyen, por lo tanto, los canales de acceso a la esencia de los grupos sociales. Cada situación concreta y diferente evidencia un tipo de hombre que la pone en práctica y, al sostener que cada grupo social pertenece a una subcultura característica, queremos decir que, sin haber una delimitación precisa entre las fronteras subculturales, éstas se revelan alrededor de un foco más o menos claro, que recoge los patrones modales característicos de cada grupo social.

No se debe pensar, tampoco, en las subculturas como bloques homogéneos de pautas culturales compartidas igualmente por todos los grupos que la integran. Más bien, existen grados de coherencia y de universalidad entre pautas que integran una misma subcultura, así como también existen diversos grados de aceptación de las mismas. El grado en que los grupos componentes de una misma posición social, comparten los patrones culturales de la subcultura correspondiente, en un momento dado, influye sobre la tendencia al cambio de los mismos. En la medida en que la acción profesional provoque, en una creciente cantidad de grupos, la reflexión sobre la caducidad de determinadas pautas alienantes de esa subcultura, y propicie una búsqueda de nuevas pautas, habrá cumplido con la finalidad de orientar cambios programados.

Cambios históricos y cambios a nivel de Desarrollo de Comunidad

Como se habrá advertido a esta altura de la reflexión que llevamos, sostendremos en este trabajo que Desarrollo de Comunidad es un conjunto de acciones destinadas a provocar un cambio orientado de conductas a nivel de un microsistema social, participativo y que signifique una etapa más avanzada de progreso humano. Con la salvedad del alto grado de generalidad de este concepto y de la ambigüedad que el uso de términos como "desarrollo" y "progreso humano" han generado, el verdadero problema que debemos abordar aquí es el de señalar las limitaciones de la acción profesional, para no crear falsas expectativas, en cuanto a objetivos de alta generalidad y de gran imprecisión[29].

28

    Herscovitz, Melville, op. cit., pág. 931.

29

Porque el alcance de los cambios que puede orientar toda acción social es limitado y constituye solamente *uno* de los múltiples factores que entran a jugar en la globalidad de la situación concreta, es necesario ubicar el Desarrollo de Comunidad en la justa medida de lo que puede y no puede lograr.

Tal vez han sido esos objetivos de alta generalidad y de gran imprecisión, los que, a través de las muchas corrientes que conmovieron ideológicamente el proceso formativo de la profesión de Trabajo Social, contribuyeron a hacer más difusa su ubicación real, creando expectativas de poder llegar rápida y casi mágicamente, a la totalidad de un cambio. Las deficiencias de un enfoque tan limitado, están bien ilustradas por Karl Popper en su ensayo *La miseria del historicismo*[30]

y tienen que ver con la falta de herramientas eficientes con las cuales las Ciencias Sociales pueden identificar, medir, controlar y predecir totalmente hechos sociales. En tanto éstas falten, el Desarrollo de Comunidad deberá ser entendido en una modesta acepción.

Se trata de un conjunto de acciones científicas y fundamentadas que implican una praxis social, y la posibilidad de provocar cambios parciales, en procesos lentos y extensos de educación informal, cuyos resultados no pueden apreciarse tal vez a simple vista, ni en términos inmediatos de tiempo, ni, sobre todo, interpretarse como resultante exclusiva de la acción de Desarrollo de Comunidad. Los otros factores que intervienen, coadyuvando o dificultando los cambios, son rara vez medibles o controlables porque son el proceso histórico mismo, que puede ser objeto de múltiples interpretaciones ideológicas. Mucho mayor cantidad de tiempo que el de solamente una generación, se hará necesario para recoger verdaderamente *todas* las consecuencias de los cambios generados, y lo que es más importante, esos cambios atingentes al Trabajo Social, se mezclarán en sus resultados con otros procesos y resultados, de manera que será imposible separar los unos de los otros para reconocerlos.

Aun así, las subculturas se perfilan a través de focos generales que adquieren un desarrollo específico en cada comunidad, desarrollo que será necesario conocer y transitar, no sólo porque es un objetivo de la acción profesional, sino porque, además, propone, *en sí,* un camino para la acción que garantiza, de alguna manera más clara que otras, la participación popular. En efecto, los caminos de acceso al individuo, como los caminos de acceso a los grupos sociales, deben lograr entablar la efectiva comunicación, la comunicación removedora de toda una serie de valores y conductas características, que, en definitiva es una comunicación educadora.

Interesa entonces este enfoque, por un doble motivo: a) como objetivo de la acción profesional, la subcultura es la materia a ser transformada a través del hombre; b) como herramienta técnica, la subcultura es el camino de acceso a los grupos sociales.

Totalidad y enfoques atomísticos

[] Porzecanski, Teresa. *Nuevos enfoques sobre objetivos, ideología y filosofía del Servicio Social.* Revista Selecciones de Servicio Social, N° 29, 2° Cuatrimestre, Buenos Aires, 1976, pág. 3-13.

[] Popper, Karl. *La miseria del historicismo.* Alianza Editorial, Madrid, 1961.

Demás está decir que la tendencia de este tipo de enfoque es totalizante y pretende una aprehensión unitaria de un todo que es irreductible a sus partes, porque las subyace y las conforma en modelos perceptibles también como totalidades globales. Al decir de Levi-Strauss, "la noción de estructura social no se refiere a la realidad empírica, sino a los modelos construidos de acuerdo con ésta... Ésta (la estructura social) no puede ser reducida, en ningún caso, al conjunto de las relaciones sociales observables en una sociedad determinada"[31]. Levi-Strauss asocia esta idea de totalidad con el concepto que subyace la noción de "hecho social" ("pattern") que es en sí un concepto *autocontenido*.

Al sostener que no existe la simplicidad como punto de partida, se deduce que es el todo estructurado el que da sentido a una categoría simple. No hay por lo tanto un origen compartimentado o causación exclusiva a partir de la cual, la realidad pueda ser totalmente explicada. Es la teoría de la Gestalt la que ha incorporado la idea de que hay una existencia totalizante y compleja de lo concreto, y su traslado a la praxis social, es un problema epistemológico: el mismo problema de la percepción sensorial provee consecuencias para la percepción o interpretación cognitiva racional.

También Althusser coincide con Levi-Strauss, en estos términos: "No existe una esencia originaria sino algo siempre-ya-dado, por muy lejos que el conocimiento remonte en su pasado. No existe la unidad compleja estructurada. No existe más, por lo tanto, la unidad simple originaria, sino lo siempre-ya-dado de una unidad compleja estructurada".

Por tanto, cuando se pretende hacer una acción social que transforme realmente su objeto y produzca resultados coherentes con el objeto mismo, todo intento de partir de clasificaciones parciales analíticas se ve sobrellevado por el impacto de una totalidad removedora, de una unidad compleja y estructurada con la que la acción social debe entrar en contacto, también desde un punto de vista totalizante. Si una de las dificultades de la ciencia social es abordar este tipo de contacto, entonces, el primer problema que hay que resolver es el de la creación de una reflexión teórica o filosófica que lo facilite.

31

[31] Levi-Strauss, Claude. *Antropología Estructural*. Editorial Universitaria de Buenos Aires, 1968, pág. 251.

Capítulo II

CONDICIONAMIENTO REAL PARA LA ACCIÓN PROFESIONAL EN DESARROLLO DE COMUNIDAD

A la búsqueda de los conceptos

Sería inefectivo a esta altura de los estudios sobre Organización y Desarrollo de Comunidad, y ante la urgencia por una aplicación operativa del Trabajo Social, compendiar la enorme cantidad de definiciones que se han dado al respecto.

Tomaremos como punto de partida solamente algunas:

"Organización de Comunidad es un esfuerzo deliberado dirigido a ayudar a los grupos a alcanzar unidad de propósito y acción hacia objetivos generales y específicos". (Macmillen, 1947)

"Desarrollo de Comunidad es la técnica o proceso que emplea el Servicio Social para suscitar la racional participación de los integrantes de una determinada zona o población, en una empresa de mejoramiento individual y de progreso colectivo en base a los propios recursos". (Seminario de la OEA en El Salvador, 1951)

"Organización de Comunidad es el proceso por medio del cual una comunidad identifica sus necesidades y objetivos, los ordena o jerarquiza, desarrolla la confianza y el deseo de hacer algo ante ellos, procura los recursos (internos o externos) para tratarlos, emprende la acción al respecto y desarrolla las actitudes y prácticas de cooperación y colaboración dentro de la comunidad". (Murray Ross, 1955)

"...un proceso para suscitar grupos funcionales de ciudadanos capaces de ser los agentes activos y responsables de su propio progreso, usando para ello como medios: la investigación en común de los problemas locales; el planeamiento y la ejecución por el pueblo de las soluciones que antes convinieron; la coordinación voluntaria con los demás grupos y con las autoridades oficiales de modo que se obtenga el bienestar total de la comunidad". (Naciones Unidas, 1958)

De todas ellas, podemos extraer algunos elementos: 1) Se trata de un trabajo participativo de grupos comunitarios; 2) Su finalidad sería un mejoramiento colectivo y de bienestar; 3) Esa finalidad se cumpliría por los propios interesados; 4) Se integraría la acción de éstos a la acción del gobierno local y nacional.

A su vez, César Rodríguez[32], del análisis de veinticinco definiciones de Organización y Desarrollo de Comunidad seleccionadas entre las vertidas entre los años 1948 y 1961, concluye que: 1) el 76 por ciento del número total de ellas mencionan la idea de *fuerzas horizontales y verticales* entendidas como ayuda gubernamental en los programas de Organización y Desarrollo de Comunidad; 2) el 68 por ciento incluía la *participación* de la población local en sus asuntos comunitarios y en su propio desarrollo; 3) el 64 por ciento de ellas compartía el significado común de *auto-ayuda y asistencia mutua* por parte de los interesados en relación a la solución de sus propios

---

32

[□] Rodríguez, César A. *Análisis Conceptual del Desarrollo de la Comunidad*. Editorial Ecro, Buenos Aires, 1970.

problemas; 4) el 80 por ciento de ellas encontraban importante el mejoramiento de las *condiciones de vida*, tanto materiales como espirituales.

Sin entrar ahora a discutir la vigencia de estas apreciaciones, debemos coincidir en que las ideas y conceptos expresados carecen, por su propio grado de generalización, de la totalidad de los elementos que conforman una *situación real dada y concreta*, y que vinculan al conjunto de técnicas profesionales con la efectividad dentro de un ámbito particular y especialmente condicionado.

El estudio de Laura Grazziosi, "Códigos de Ética del Servicio Social"[33] ilustra que las expresiones verbales de las definiciones profesionales, sólo adquieren validez en función de una deontología, y que, por el momento, la variedad de sistemas políticos y de realidades humanas a las que el Trabajo Social pretende influir, provoca también un relativismo inherente en conceptos tales como "participación", "mejores condiciones de vida", "fuerzas horizontales y verticales", etc. Ese relativismo, ya profundamente arraigado epistemológicamente desde el nacimiento mismo de las ciencias humanas[34], si bien no invalida el trabajo social porque le confiere libertades de opción política y ética, dificulta poder consolidar concepciones rígidas o dogmáticas relativas al "qué" y al "cómo", que sean válidas universalmente.

A pesar de ello, grandes orientaciones generales son visibles. Scaron de Quintero, al exponer un análisis comparativo entre las definiciones de Desarrollo de Comunidad en los años 40 y a partir del 55, comprobaba el vínculo definición-realidad y su variación correlativa, diciendo:

"Es a partir del 50 cuando se advierte que las causas del subdesarrollo no se encuentran en el estancamiento de las pequeñas comunidades locales, sino que éste es solamente un efecto y manifestación de aquel"[35].

Y destaca, luego, la tendencia de las modernas definiciones, que enfatizan la estrecha relación necesaria entre la aplicación de Organización y Desarrollo de Comunidad y el sistema socio-político y económico-administrativo de una nación.

La percepción de las condicionantes de estos sistemas se da, de alguna manera, a través de las instituciones que, en su seno, se ocupan de solucionar más o menos eficazmente los diversos aspectos de la problemática social y humana. Dichas instituciones, entre las que se incluyen especialmente aquellas que tienen que ver con la

---

33

Grazziosi, Laura. *Códigos de Ética del Servicio Social.* Editorial Hvmanitas, Buenos Aires, 1978.

34

Piaget, Jean. *Epistemología de las Ciencias Humanas.* Editorial Proteo, Buenos Aires, 1972.

35

Scaron de Quintero, Mª Teresa. *Proceso de Organización de Comunidad.* Revista Universitaria de Servicio Social Nº2, Montevideo.

educación, la salud, el bienestar social, la vivienda, el cooperativismo, etc., plantean a través de un conjunto de normas y de servicios, la reglamentación moral que facilita o dificulta la acción del trabajador social. Las instituciones, entonces, actúan por defecto o positivamente, como un marco de regulación, si no de solución de conflictos.

Sin embargo, aún no están analizados todos los elementos que deben construir un concepto de Organización y Desarrollo de Comunidad. Si se entiende que el Trabajo Social es una profesión de acción, se debe reconocer que su compromiso no radica solamente en una teoría o en una moral social: hay un compromiso específico con cada realidad concreta, con cada historia particular. No basta enunciar, entonces, que el Trabajo Social debe promover cambios; hay que explicar también, en cada caso, a qué tipo de cambio nos referimos y dentro de qué contexto socio-político se inscribe. Reconocer que es necesario que las comunidades adquieran desarrollo es reconocer que hay realidades que deben *cambiar orientadamente*, o que pueden ser mejoradas en relación a determinados modelos. Estamos haciendo siempre una opción deliberada y dirigida hacia objetivos, justificada por una concepción del mundo y de las cosas. La propia interpretación que hacemos de una realidad concreta, responde siempre a una perspectiva, y no es nada más que una de las interpretaciones posibles[36].

Por esta razón, la tan mentada "neutralidad" del Trabajo Social, que se esgrimiera a partir de las influencias profesionales originadas en otros contextos, y en ámbitos en los que las ciencias sociales intentaron desligarse de responsabilidades históricas y mantenerse en un rol meramente descriptivo de la realidad, no existe. Sólo las ciencias exactas, por ser un conocimiento construido casi enteramente dentro del ámbito teórico, y no vertido en la materia humana de modo directo, pueden pretender poseer el distanciamiento y la lejanía de la neutralidad valorativa.

Pero cuando el conocimiento busca una incidencia prevista y orientada sobre la realidad, pedir que no contenga una valoración del mundo, un juicio crítico y reflexivo, impide toda efectividad y sume a la acción social en los avatares de la arbitrariedad.

En cuanto al Trabajo Social: "Siendo una actividad eminentemente práctica de aplicación a una realidad particular, deberá precisar las particularidades de su medio y su incidencia social a efectos de procurar su transformación, contando con los propios impulsos y exigencias de la realidad tratada. El Servicio Social no puede ser solamente una motivación de orden moral ejercida a través de técnicas profesionales…"[37].

En otras palabras, no hay motivaciones de orden moral que existan aisladas de una interpretación del mundo: igualdad, justicia, libertad, etc., responden a una manera de comprensión que, en su puesta en práctica, se manifiesta en las particularidades de un tipo de estructura y no de otro.

36

    [ ] Berger y Luckmann, op. cit.

37

    [ ] Iglesias, Enrique. *El Servicio Social en países subdesarrollados*. Revista Universitaria de Servicio Social Nº 2, Montevideo.

Por otra parte, "el cambio, la dirección hacia la cual orientamos el cambio, implica una opción ideológica"[38]. Es necesaria, entonces, la clarificación de las finalidades de la profesión para su aplicación efectiva y para la evaluación de los resultados. No basta con actuar si no se tiene claro hacia dónde, si no se mide ese "dónde" en relación a un modelo genérico. Sin una conciencia crítica que implique objetivos operativos, la acción social ejercida por los trabajadores sociales se transforma en una opción de carácter individual y por lo tanto, en una iniciativa aislada en el campo relativista de su ética profesional.

Dentro de esta perspectiva, podemos decir que organizar comunidades implica poner en práctica la metodología profesional para llevar a cabo una acción en un nivel comunitario, pero no cualquier tipo de acción social sino aquel que, a la vez, esté condicionado por una concepción del mundo humanitaria, las posibilidades y limitaciones de las técnicas de acción y la realidad concreta y particular en que nos corresponde actuar. Por la amplitud de su unidad problemática, porque el nivel de búsqueda de soluciones también es comunitario, Organización y Desarrollo de Comunidad ilustra específicamente la necesidad de una visión totalizante y no compartimentada de la realidad.

Subcultura y comunidad real

Antes de estudiar la aplicación de Desarrollo de Comunidad, es necesario intentar resolver el problema planteado por Scaron de Quintero con respecto al concepto de comunidad[39]. Al referirse al mismo, dice:

"A raíz de ese planteamiento es que se ha llegado actualmente a establecer una distinción entre lo que podríamos llamar "comunidad real" y "comunidad potencial"; pero el reconocimiento de esa diferencia no exime a los trabajadores sociales de llegar a una definición operativa del término comunidad, de determinar cuáles son los elementos cuya presencia permitiría diagnosticarlas e incluso clasificarlas dentro de una tipología cuyo primer intento de sistematización sería la distinción arriba señalada"[40].

Es necesario, por lo tanto, acercarnos a un concepto operativo de comunidad, es decir factible de ser utilizado en nuestra sociedad y que nos permita *trabajar* en ella. Sin embargo, y a pesar de que intentaremos cumplir con el cometido arriba mencionado,

---

[38]

Kruse, Herman. *Servicio Social e ideologías*. El Servicio Social en América Latina, Editorial Alfa, Montevideo, 1967 (Paráfrasis).

[39]

Scaron de Quintero, Mª Teresa, op. cit.

[40]

Scaron de Quintero, Mª Teresa, op. cit., pág. 39.

toda definición que podamos formular será siempre insuficiente –por su carácter epistemológico y reductivo– para aprehender la esencia de la realidad.

De las definiciones que se han dado sobre el término comunidad, seleccionamos las siguientes por constituir una ejemplificación de los conceptos manejados hasta el presente:

"Comunidad es una colectividad humana con una estructura humana acabada, vinculada por el mismo fin y por la convivencia"[41].

"Comunidad es un subgrupo que tiene muchas características de la sociedad, pero en pequeña escala y con intereses comunes menos amplios y coordinados"[42].

"Comunidad es un grupo territorial de personas con relaciones recíprocas, que se sirven de medios comunes, para lograr fines comunes"[43].

"Comunidad es una unidad social cuyos miembros participan de algún rasgo, interés, elemento o función común, con conciencia de pertenencia y sentido de solidaridad y significación, situados en una determinada área geográfica en la cual la pluralidad de personas interacciona más intensamente entre sí que en otro contexto"[44].

Todas ellas destacan los elementos de vinculación, estructura acabada, medios comunes y fines comunes, característicos de un grupo social organizado y estructurado en tanto sector de la sociedad global. Si la vinculación entre los individuos debe darse a través del asentamiento relativamente estable en un área geográfica determinada o si es factible que se de, de la misma manera, sin esa vecindad geográfica, es tema del ya debatido problema clasificatorio "comunidad geográfica versus comunidad funcional" planteado anteriormente por el Profesor H. Kruse[45]. Pero, aun dejando, por ahora, de

---

41

[ ] Definición dada en el Seminario de Servicio Social realizado en Quito, Ecuador.

42

[ ] *Diccionario de Sociología* (Fairchild).

43

[ ] Ander Egg, Ezequiel. *Metodología y Práctica del Desarrollo de la Comunidad.* Editorial Hvmanitas, Buenos Aires, 1965.

44

[ ] Kruse, Herman, op. cit.

45

[ ] Kruse, Herman, op. cit.

lado este debate, se advierte que las condiciones que todas las definiciones de "comunidad" convienen en dejar sentadas, no son adaptables a los grupos humanos suburbanos y rurales de la realidad latinoamericana. O sea, son más bien *objetivos de acción*: el logro de las características que hacen de un grupo cualquiera una comunidad, y por tanto, son finalidades del Desarrollo de Comunidad que pueden evaluarse "a posteriori" y no "a priori" del trabajo de campo.

En otras palabras, los elementos que destacan las definiciones se avienen más al concepto de "comunidad ideal" que al de "comunidad real". Es el factor organizativo que emerge de las relaciones recíprocas continuadas; es la solidaridad que va creciendo y educando en común; es la conciencia de los problemas comunes, lo que se quiere lograr en el proceso de formación de una "comunidad" propiamente hablando.

Pero no encontramos, al principio, sino individuos con vínculos incipientes o superficiales, más que una mera proximidad geográfica casual, que el fenómeno de lo urbano se ha limitado a provocar, más que un esbozo de organización en instituciones generalmente informales y de poca estabilidad en cuanto a su existencia.

No entraremos aquí a analizar en detalle el panorama de la realidad latinoamericana en la década de los ochenta. Pero la historia misma habla de la ruptura de los "ethos" tribales[46] de la industrialización precaria, y de la emigración de las pequeñas aldeas o pueblos originarios hacia las grandes ciudades, donde los individuos se mezclan, integrándose con diversas dificultades, a una sociedad de grandes masas humanas. La pérdida de los valores culturales autóctonos, tanto en grupos indígenas como de inmigrantes europeos y africanos, trajo, como resultado, el sentido de desarraigo y la ruptura de los lazos familiares, religiosos y sociales con los centros comunitarios originales. Los medios de comunicación masiva, y el caudal de crecimiento demográfico de América Latina, señalan, cada vez más, una tendencia a la homogeneización cultural, o sea, a la desaparición de la vigencia de los elementos culturales particulares, autóctonos, singulares, y a su gradual sustitución por elementos compartibles por sociedades masivas. A tal punto es amenazada la existencia de las "comunidades ideales" que Lawrence Mowrence More[47], en un intento por vincular comunidades y programas, afirma:

"No se trata tanto de identificar comunidades como de encontrar las distintas clases de grupos sociales que puedan servir de módulos para distintas clases de programas".

En Trabajo Social se ha actuado pragmáticamente de la siguiente manera: se delimita un área determinada, se hace allí un tipo de recolección de datos y, suponiendo que esa área es directamente una "comunidad", se empieza a trabajar, estableciendo planes y programas. Es frente a la falta de respuesta o al poco éxito de los programas

---

46

    Ribeiro, Darcy. *Fronteras indígenas de la civilización*. Siglo XXI Editores, S.A., México, 1973.

47

    Moore, Lawrence. *La programación del desarrollo de la comunidad* (citado por Ander Egg, Ezequiel, en "El Desarrollo de la Comunidad en el Uruguay", octubre de 1966)

que empieza a evaluarse "a posteriori", el diagnóstico primario. Si hubo escasa participación en las actividades, si siempre participaron los mismos individuos, si los adelantos materiales y técnicos no fueron aprovechados, a pesar de haberse usado toda la metodología y los objetivos correctos, ¿qué es lo que está fallando?

G. M. Foster ha presentado un magnífico testimonio del fracaso de diversos programas comunitarios que tenían excelente financiación y equipo técnico, realizados a todo lo ancho y largo del mundo[48], investigando los factores precisos de ese fracaso. La conclusión parece ser la siguiente: los cambios tecnológicos que puede aceptar un grupo humano dependen del substractum no-material al igual que de su propio condicionamiento material: de sus valores, creencias, modos de vida, prejuicios, sistemas de organización de la autoridad, tradiciones, costumbres, etc. Un cambio tecnológico implica una serie de pautas de conducta que le sirven de referente (por ejemplo, la sustitución de una forma de cultivo tradicional por una más moderna). Las conductas que van implícitas al cambio provocan una alteración, en un principio superficial, y luego más profunda, de patrones de comportamiento que no atañen solamente a los factores materiales de vida. Sabemos que en una cultura no podemos separar radicalmente los aspectos de supervivencia estricta de los aspectos de pensamiento y de interpretación del mundo.

Boas propuso, hace ya tiempo, una teoría llamada "del filtro", en la que explica de qué manera cualquier nuevo elemento que adopta una cultura pasa necesariamente a través del filtro constituido por el núcleo distintivo de sus pautas de conducta, en un proceso de decantamiento. El resultado final es una adaptación particular y especial de un elemento general. O sea, el mismo elemento puede ser adoptado en diferentes culturas, de diferentes modos.

Un resultado interesante de las teorías conductistas de la educación es su pragmatismo: sabemos que los cambios que provoca un proceso educativo cualquiera, deben ser visibles en las conductas externas manifiestas de los individuos sometidos al proceso. Más aún, la evaluación moderna en educación y en psicología tiende a encontrar indicadores visibles de los cambios producidos, aun cuando no son siempre medibles con la exactitud que se desearía. Por lo tanto, la antigua separación entre un Trabajo Social de corte asistencialista y otro de corte educativo, desaparece definitivamente bajo la égida de que las culturas son un todo integrado y cada aspecto alterado provoca una serie de círculos concéntricos que se expanden gradualmente produciendo alteraciones en el resto de los aspectos.

Lo que fracasa en la idea de partir de un "área geográfica", y dejar libradas al azar el resto de las variables que constituyen un concepto operativo de comunidad, es la respuesta a esta pregunta: ¿cómo se vinculan los conceptos "área geográfica" y "comunidad"?, ¿qué relación existe entre ellos?

Tradicionalmente, se ha intentado resolver esta cuestión en cada caso concreto, sin aventurarse en hipótesis generales. Es decir, se investigan los datos censales, muestrales, u obtenidos por encuesta respecto del área, aquellos que puedan dar una idea significativa de los índices de desocupación, montos de salarios, niveles educacionales, habitacionales, alimentarios, etc., que presumiblemente influyen en las

---

48

[48] Foster, G. M. *Las culturas tradicionales y los cambios técnicos.* Fondo de Cultura Económica, México, 1964.

expectativas de los vecinos respecto a aspiraciones para el cambio. Pero las dificultades insalvables de este enfoque, de investigación meramente descriptiva de la realidad visible, son varias: la zona es un ente inabarcable en profundidad, por la propia naturaleza de las herramientas de investigación utilizadas. Frente a un diagnóstico de tal índole, las experiencias prácticas de Trabajo Social aparecen como acciones aisladas de un enfoque totalizante que arrojan logros de alcance reducido. Cuando no se cumplen muchos de los objetivos planteados, se llega a la conclusión de que esa "área geográfica" no es una "comunidad".

En efecto, la división en zonas no corresponde estrictamente a una división en subculturas homogéneas caracterizadas principalmente por un modo de vida o un modo de pensamiento similares. El componente social y cultural de una zona determinada puede o no coincidir con una convergencia de intereses comunitarios, sobre todo cuando, como ocurre en los cinturones de la mayoría de las ciudades latinoamericanas, es la migración obligada del campo a la ciudad la que provoca el asentamiento dentro de las limitaciones de recursos y de espacio que los migrantes enfrentan.

En cuanto a las zonas rurales, la mezcla y diversidad de estratos es aún más intensa en las áreas donde los grandes arrendatarios y propietarios de tierra emplean, para el trabajo de la misma, asalariados que conviven en sus predios. A excepción de aldeas de poblaciones autóctonas –por ejemplo, indígenas– que han ocupado el mismo sitio durante varias generaciones, y por lo tanto conservan una unidad étnico-ecológica que sobrepasa la diversificación provocada por la economía industrial moderna, también las migraciones internas en las zonas rurales y las facilidades o dificultades topográficas han determinado azarosamente la integración más o menos heterogénea de los asentamientos en las áreas geográficas.

Entonces, y a los efectos del trabajo con microsistemas sociales, la zona no es más que una abstracción a la que se atribuyen ciertos datos de tipo descriptivo, pero que queda alejada, por esa misma descripción, de la *realidad concreta humana funcionando*. Conocer ésta, es un trabajo que parte de otras bases: la vivencia significativa microsocial. Los datos por sí solos, sobre todo, los datos de tipo cuantitativo no configuran necesariamente la realidad. Son siempre una reducción selectiva de la misma, y además, tampoco proveen necesariamente de las claves para implementar los programas de trabajo comunitario.

Vamos a sostener en este trabajo que, a partir de la localización e inmersión en grupos subculturales, pueden obtenerse los elementos de construcción de la comunidad real. Vamos a sugerir que hay una estrecha correlación entre los caracteres que transforman a un grupo de vecinos en una comunidad y la subcultura a la que pertenecen. Afirmaremos que no se trata de encontrar comunidades circunscriptas en zonas dadas, sino de reconocer los distintos subgrupos culturales que interactúan en una zona dada. Es decir, el territorio comunitario no puede preverse de antemano. Es, a partir de los grupos subculturales existentes, en tanto su acción repercuta en un ámbito social (y no sólo geográfico) cómo la comunidad va a encontrar sus límites. Es, a partir de los grupos subculturales, en tanto ellos se conviertan en núcleos de acción, que la comunidad va a encontrar sus límites. Estos estarán dados por la máxima repercusión medible alcanzable y por el lugar donde se genere la respuesta participativa.

En definitiva, tenemos que dejar de hablar de áreas geográficas como comunidades, y, a pesar de reconocer que todo grupo está asentado en un territorio, destacar el ámbito de repercusión social como posible comunidad real.

Entendemos, por lo tanto, que: *comunidad real es el ámbito subcultural dentro del cual es factible lograr una repercusión participativa si se aplica el procedimiento de Organización y Desarrollo de Comunidad.*

Pero, ¿qué es ámbito subcultural? Anteriormente habíamos esbozado el concepto de "subcultura" como conjunto más o menos estereotipado de patrones de conducta, valores y creencias, característicos de un subgrupo dentro de una sociedad más amplia. Pero estos subgrupos no existen sin un emplazamiento local, aun cuando en los diferentes medios (urbano, suburbano, rural-urbano y rural-campesino), su modo de manifestarse en relación con un área geográfica sea diverso. Es tema de la antropología cultural investigar la relación sistemática entre ambos elementos, comprobando qué tipo de enlace mantienen en la realidad.

Se haría necesario, tal vez, referir a un mapa las zonas residenciales, investigar la existencia y origen de los núcleos de asentamiento que tipifican un modo de vida determinado, y relacionar, en fin, los indicadores de "subcultura" con zona geográfica, para poder fundamentar o descartar muchas hipótesis de trabajo.

Un ámbito humano más que geográfico

Sin embargo, el enfoque que específicamente nos interesa aquí, es el de la existencia de un ámbito humano más que geográfico, realidad compleja integrada por subculturas en acción. Nos interesa poder medir ese ámbito, poder determinar sus elementos constitutivos y poder utilizarlos en la planeación del trabajo comunitario.

En cuanto al concepto "repercusión participativa", también es necesario hacer algunas puntualizaciones, en el sentido de que su comprensión va a depender de la índole de la subcultura de los grupos con los cuales trabajamos. O sea, ¿qué entendemos por repercusión participativa? ¿Podemos pensar que el hecho de donar fondos para una escuela está en el mismo nivel de repercusión participativa que el hecho de que un grupo se organice para solicitar los fondos ante los organismos competentes? Además, no sólo podría hablarse de *grados* de participación. ¿Qué implica realmente participar? ¿En base a qué, se participa? ¿Cómo se mide la participación? ¿Qué cuota de compromiso personal es necesaria para que exista participación?

Repercusión participativa aparece en nuestra hipótesis como variable dependiente del conjunto de procedimientos conocidos por Organización y Desarrollo de la Comunidad, y de la cualidad de ámbito subcultural en que se trabaje, por lo que el estudio exhaustivo de la correlación entre estos elementos se impone al comienzo de una acción profesional en cualquier comunidad real.

¿Qué entendemos por Organización y Desarrollo de la Comunidad en tanto forma de trabajo en la comunidad real? Responder correctamente a una pregunta de este alcance equivale a entrar en un análisis de la esencia de la profesión toda, como profesión y como teoría de la acción social.

En un clásico libro sobre la materia, Ander Egg anota una observación correspondiente a Maurice Milhaud que subraya que la esencia de Organización y Desarrollo de Comunidad es una *actitud* más que un conjunto de objetivos, una *forma* de emprender el trabajo, "más que la naturaleza del trabajo en sí mismo"[49]. Esta idea parece ser compartida, luego de la evolución metodológica que anota Scaron de

---

49

[] Milhaud, Maurice. Citado por Ander Egg, Ezequiel en *Metodología y Práctica del Desarrollo de la Comunidad.* Editorial Hvmanitas, Buenos Aires, 1965.

Quintero[50]. En este momento no se puede dejar de reconocer la relación entre ese nivel de acción y el desarrollo socioeconómico, en el sentido de que las condiciones de vida carenciadas que motivan, en forma creciente, la necesidad de una profesión abocada a la acción social, son las mismas que justifican los programas de desarrollo económico y social.

El nivel de la acción en Desarrollo de Comunidad

Cuando Ander Egg dice: "Servicio Social tiene una función concientizadora y dinamizadora para promover y orientar los cambios estructurales de nuestra sociedad"[51] no especifica de qué cambios estructurales se trata, ni hacia qué dirección el Servicio Social los orientaría. Si bien se esboza que esa función *concientizadora* tiene relación con "la toma de conciencia del valor y dignidad personal y del derecho que tiene todo hombre de liberarse de la miseria y sentirse integrado y participante dentro de la sociedad global"[52] la idea sigue siendo abstracta al nivel de los medios a ser utilizados para llegar a esos fines y de la filosofía que los subyace, ya que los términos "concientización", "dignidad personal", "integración", "participación", etc., sobre los que se ha dicho mucho y a la vez, poco, adquieren significación dentro de cada contexto específico, dentro de cada realidad, de una manera única y particular.

De todos los niveles de acción que el Trabajo Social propone, Organización y Desarrollo de Comunidad, por los mismos elementos que utiliza para su puesta en práctica, tiende a dejar sentado que: 1) Se toma como *unidad problemática* un sector de la sociedad global, entendiéndose el carácter integral y totalizador de los problemas que motivan la acción. 2) Se toma como *unidad de trabajo* un núcleo unitario de la sociedad global, entendiéndose que las soluciones a los problemas que padece, van a iniciarse a través de la acción de ese mismo núcleo involucrado. 3) Se entiende como *desarrollo* de la comunidad, la capacidad para alcanzar soluciones para la problemática unitaria del sector afectado y no, para uno o dos problemas accesorios. 4) Se entiende como *organización* de la comunidad, la capacidad para poner en práctica los planes de desarrollo.

Lo característico, entonces, es la tendencia globalizadora del universo problemático y, a su vez, la idea de que interesan, en última instancia, las soluciones totales.

50

□ Scaron de Quintero, Mª Teresa. *Supuestos metateóricos del Servicio Social y su incidencia en la metodología profesional.* Revista Hoy en Servicio Social, Nº 19, enero-marzo de 1971, Buenos Aires.

51

□ Ander Egg, Ezequiel. *Servicio Social para una nueva época.* Editorial Hvmanitas, Buenos Aires, 1967.

52

□ Ander Egg, Ezequiel, op. cit., pág. 40.

Este enfoque alude a una forma específica de considerar la realidad, en la que los caminos de acción deben ser revisados en relación con los planes de desarrollo nacionales y regionales. A veces sucede, como sugiere Virginia Paraíso, que el Servicio Social se aleja de las políticas de desarrollo en América Latina, entre otras razones, porque los planes propuestos y a veces financiados por capitales extranjeros, excluyen toda tendencia al cambio estructural profundo, favoreciendo la permanencia jerárquica de ciertos grupos y excluyendo a otros[53]. Pero, otras veces, también ocurre que el nivel de aplicación de los planes de desarrollo nacionales o regionales sobrevive solamente en la superficie de las funciones institucionales públicas y privadas, sin que los grupos comunales autónomamente se identifiquen y/o participen con los objetivos de dichos planes. Lo cual, no quiere decir que los planes de desarrollo necesariamente carezcan de razón de ser ni que, automáticamente, por provenir de investigaciones y estudios tecnocráticos, posean objetivos equivocados.

El concepto que vierte el Tercer Estudio Internacional para el Servicio Social, sobre Desarrollo de Comunidad, aun después de dos décadas, tiene vigencia, al entender que se trata de "un proceso para suscitar grupos funcionales de ciudadanos *capaces de ser los agentes activos y responsables de su propio progreso,* usando para ello como medios: la investigación *en común* de los problemas locales, *el planeamiento y ejecución* por los ciudadanos de las soluciones que antes convinieron, *la coordinación voluntaria* con los demás grupos y con las autoridades oficiales de modo que se obtenga el *bienestar total de la comunidad*". La vigencia que aún tiene radica en la capacidad de autogestión que le reconoce a la comunidad y en la posibilidad subsecuente de participar de las decisiones respecto a objetivos del desarrollo.

El problema del fracaso reiterado de los planes de desarrollo que se elaboran en el laboratorio sociológico del investigador, o en la oficina de planeamiento de la institución de bienestar social, es siempre el mismo: ¿cómo puede la comunidad participar en un cambio que ella no ha querido ni ha buscado?, ¿cómo puede la comunidad identificarse con objetivos que –aun cuando necesarios científicamente– no son vislumbrados conscientemente como necesidades, en las actitudes íntimas de una mayoría de los involucrados?

En muchos otros casos, tampoco aparecen suficientemente investigados los canales de acceso de la participación de las comunidades en los programas de desarrollo nacional. Estos canales son, a veces, monopolizados por líderes autocráticos, tanto a nivel de las instituciones que tienen por finalidad aplicar los programas como a nivel de las comunidades que aún no tienen suficiente organización interna como para elegir libremente a sus representantes. Al no ser debidamente representadas, las comunidades quedan supeditadas a la dependencia y a la pasividad, y por lo tanto, a la no-participación en los planes de desarrollo.

53

[□] Paraíso, Virginia. *El Servicio Social en América Latina.* Editorial Alfa, Montevideo, 1967, pág. 12.

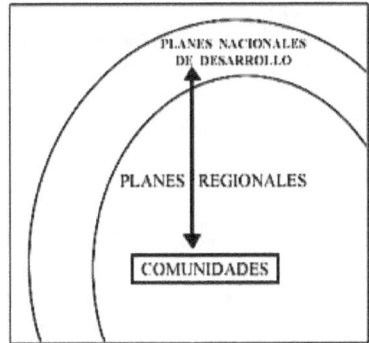

| Figura 1 | Figura 2 |

La situación anómala que representa esquemáticamente la figura 1 debería transformarse en la de la figura 2. Las particularidades subculturales, étnicas, ocupacionales, religiosas, etc., provenientes de cada comunidad, estarían presentes en los objetivos emergentes de las mismas en relación con los Planes Regionales, y a nivel nacional, la posibilidad de aplicación de programas de desarrollo tendría, a su vez, homogeneidad, y la necesaria representatividad heterogénea, a nivel de cada región.

Sin planes de desarrollo globales, ya sea a nivel estatal o a nivel institucional, la acción del Asistente o Trabajador Social queda librada a limitaciones de todo tipo – incluidas las burocráticas– aun cuando cuente con la iniciativa vehemente de la participación de las comunidades. Porque es necesario reconocer que las labores asistenciales elementales que no cumple una institución, también impiden al Trabajador Social acceder a planos educativos en su propia tarea y avanzar en ellos más allá de la satisfacción de las necesidades mínimas vitales de los individuos.

Regresamos, por lo tanto, a un punto de partida aún no debidamente evaluado: la acción profesional en Organización y Desarrollo de Comunidad debe estar encaminada a tocar los problemas de fondo que genera una situación carencial. En otras palabras, debe llegarse a trabajar con el núcleo problemático existencial del grupo subcultural. Y para ello, la labor profesional debe estar inscripta, ubicada de alguna manera, aun de una manera crítica y conflictiva, en el marco de las instituciones que abordan –aún no del todo satisfactoriamente– dicho núcleo problemático.

Cabe entonces el siguiente planteo: hay un trabajo de ubicación del Servicio Social dentro de las instituciones de bienestar social que aún no está resuelto en los términos en que lo reclaman los objetivos profesionales. Por un lado, porque la profesión tiene escasa tradición laboral y no existe mayormente una educación de otros profesionales para integrar los objetivos del Servicio Social en el campo de la acción institucional adecuadamente; por otro, porque el propio anquilosamiento de ciertas instituciones que han perdido efectividad y representatividad, conspira contra la puesta en práctica de los planes que emerjan de la profesión. Otros intereses políticos, sociales y económicos pueden, asimismo, desvirtuar los códigos éticos de la profesión, pero también es cierto que, si se trabaja con tanta dedicación en la comunidad como en las instituciones, ciertos cambios de mentalidad y de apertura podrán lograrse.

Lo que debe reconocerse, sin más, es que este trabajo de ubicación adecuada del Trabajo Social en el marco de instituciones beneficiarias del sistema, es *también* un objetivo profesional, de igual envergadura que los que nos ponen en vinculación directa con el asistido. El realizar, dentro de la institución, una labor igualmente educativa para con sus dirigentes, para con sus técnicos y personal de servicio, no es más que un aspecto del ejercicio profesional, tan importante como los otros. El no haberlo reconocido, durante las etapas reflexivas del movimiento llamado de "reconceptualización" ha sido una de las razones más importantes de su fracaso profesional, entre otras.

Autenticidad del contenido cultural

Para Darcy Ribeiro[54], en términos antropológicos pueden distinguirse en la cultura tres tipos de contenidos: a) el sistema *adaptativo*, o sea los modos de actuar del hombre frente a su medio a los efectos de producir las condiciones materiales de existencia; b) el sistema *asociativo* o "totalidad de modos de organización de las relaciones interpersonales" para la reproducción, la producción y el reparto de bienes; y c) el sistema *ideológico*, o ideas y sentimientos que surgen de la comprensión, justificación o cuestionamiento del orden social o de la "experiencia colectiva". Estos tres sistemas aparecen interligados en un contenido real único de la cultura que se manifiesta por los productos materiales de la acción humana y por los "sistemas simbólicos de comunicación": el lenguaje, la tradición, la religión, el arte, las creencias, los valores morales, los principios que sustentan la conducta. A este tipo de contenido aislado, a efectos teóricos, desde una totalidad cultural realmente indivisible, es a donde apuntamos con el cambio cultural que pretendemos mediante la aplicación de Organización y Desarrollo de Comunidad.

Esta clase de contenido es siempre una deformación de carácter alienante de la realidad, aislada de toda capacidad interpretativa, por el propio rol que juega en la construcción misma de la relación hombre-mundo. El investigador –teórico o empírico– también forma parte de ella y sufre su condicionamiento. Es lo que afirma Lucien Goldmann, cuando dice:

"Toda realidad social está constituida, a la vez, por hechos materiales y por hechos intelectuales y creativos, que estructuran, a su vez, la conciencia del investigador y que implican, desde luego, valoraciones. Por eso nos parece imposible un estudio rigurosamente objetivo de la sociedad. De lo cual se infiere que la fórmula "identidad del sujeto y el objeto" es demasiado general, en vista de que los juicios de valor que constituyen una parte del objeto estudiado pueden tener una relación más o menos cercana o lejana, y más o menos inmediata o mediatizada, con los valores que estructuran la conciencia del investigador"[55].

54

⸱ Ribeiro, Darcy. *Propuestas acerca del subdesarrollo*. Fundación de Cultura Universitaria, Montevideo, págs. 63-64. Paráfrasis.

55

⸱ Piaget, Jean y otros, op. cit., pág. 68.

Este problema, que es central en la epistemología de las ciencias humanas[56], es también el factor actuante y central en las hermenéuticas con que cada grupo humano, ubicado en una posición cultural determinada, construye para verse a sí mismo y explicarse dicha situación.

Demás está decir que el sistema ideológico que así se construye, y que rebasa los precarios límites del exiguo contexto político, para derramarse a niveles de interpretación globalizante del mundo, implica que "no hay pensamiento humano (...) que esté inmune a las influencias ideologizantes de su contexto social"[57]. Pero también implica, como asume Popper, que esta presencia impide la objetividad, entendida en los términos rigurosos en que se manifiesta en otros campos: "...no debemos sorprendernos al ver que en las ciencias sociales no haya casi nada parecido a la objetividad y al ideal de búsqueda de la verdad que vemos en la física. Es de esperar que nos encontremos en las ciencias sociales con tantas opiniones como se puedan encontrar en la vida social, tantos puntos de vista como hay intereses"[58].

La primera conclusión que derivamos de estas consideraciones es que la alienación del contenido cultural está presente indefectiblemente en cada subcultura como deformación condicionada y admitida dentro del juego interpretativo que el ser humano se plantea al intentar *comprender y comprenderse*. Pero, a su vez, es en el estudio comparado de estas diferentes imágenes alienantes y justificatorias de un estado de cosas, que se aprecian las posibilidades de que los programas educativo-asistenciales comunitarios tengan o no viabilidad participativa.

Los procesos homogeneizadores a que lleva la productividad de artículos que alcanzan grandes masas poblacionales, reduciendo sus diferencias y particularismos, las perspectivas de que las sociedades se masifiquen aún más, tienden aun superficialmente a una igualación de estilos de vida, pero la renovación generacional y el crecimiento demográfico intenso, impiden, asimismo, estabilizar estos cambios. Las subculturas, entonces, desarrollan, cada una, sus propios marcos de referencia, explícita o implícitamente, como se advierte en el estudio de las biografías de individuos representativos de una comunidad dada, que han introyectado y hecho propios los valores generalizados que ha construido su propio grupo social.

"Dicen la gente que antes era mejor. Me hubiera gustado vivir en siglos atrás porque la vida era mejor y más pasiva. Uno vivía tranquilo, sin preocupación. Los hijos se portaban bien, los tíos procuraban a sus sobrinos y los padrinos a sus ahijados. Pero ya no; todo está cambiado. Estamos en una época que nadie procura a nadie.

56

Berger y Luckmann, op. cit.

57

Berger y Luckmann, op. cit., pág. 24.

58

Popper, Karl, op. cit., pág. 30.

Ya ni los pobres tratan de ayudar a los otros. Ya no hay esa cosa de que fulano necesitaba un caldito y yo iba y se lo hacía y se lo traía. Ahora no. Ahora el pobre está por tener lo que tiene y también por sacar. Hasta la gente del campo ha cambiao. Ya tú ves cómo la gente del campo era antes, que tú ibas al campo y te regalaban un cantito de vianda. Ahora tú tienes que comprarle la verdura. To es interés. Eso pasó ya a la historia, como dicen, eso de ayudar a los otros.

¡Y en cuanto a la envidia de nosotros los pobres! Si tú tienes dos trajes, no te quieren ver con dos; te quieren ver con uno y apurao. Hasta pa quitarte un marío te hacen brujos. Mira a ver. Si tú tienes tu finquita o tu casita, la gente te quieren ver mal. Te quitan lo que tú tienes, te hacen porquerías pa sacarte to lo que tú tienes y así ellos quedarse con lo que tú has tenío. Y te has sacrificao en tu vida pa tener eso"[59].

"Un hombre de idea es así desde su nacimiento. Quien tiene idea sabe lo que está pasando, pero el que no, así como nace, se muere; siempre como un niño. Muchos aprenden algo, pero no son nadie. Ahí están, como si nada. Desde que Dios amanece, al campo y del campo a su casa, a cenar y de cenar a la cama y eso es todo. Esos hombres son como ideas muertas; no aspiran por saber algo, ni porque sus hijos, ni por nada. Vala, no aspiran a nada; ni de lo bueno ni de lo malo. Pues yo juzgo que son hombres muertos completamente, aquí decimos que "son una bola de carne con ojos".

Y yo no soy de esos. Yo, desde que me formé, me gustó mucho el estudio, nomás que fui huérfano y pobre, ¿qué iba a poder? Ahora soy viejo y hasta la fecha me gusta. Por eso yo quería mandar a mis hijos a la escuela. Si yo hubiera tenido medios, entonces mis hijos no fueran campesinos como yo; pero como no tengo, pues no nos alcanza. Yo quisiera que mis hijos supieran tres tantos de lo que yo sé. Como les vengo diciendo: 'Yo no quiero que sean como yo. Yo fui analfabeto, no sé nada, no sé leer. Yo quiero que ustedes siquiera sean algo'.

Yo quisiera más que supieran a que fueran ricos, porque yo veo una cosa aquí en mi pueblo: hay algunos que son ricos, pero como no saben nada, pues no pasan de ahí. Hay aquí un rico que no sabe ni contar; en todas las cosas que compra, la señora tiene que ver"[60] .

Es en este tipo de estudios de campo que afloran, por boca de sus representantes genéricos, los sistemas interpretativos que están latentes inconscientemente en el juego de roles y conductas anexas de cada subcultura. El estudio citado, de Oscar Lewis, sobre la "cultura de la pobreza" en Puerto Rico en la década del 60, ilustra que ésta se manifiesta, al nivel de individuo, por rasgos distintivos tales como "un fuerte sentimiento de marginalidad, impotencia, dependencia e inferioridad". "La frecuente privación de la madre, la debilidad en la estructura del ego, la confusión de la identidad sexual, la falta de control de los impulsos, la orientación temporal dirigida primordialmente hacia el presente, la capacidad relativamente reducida de aplazar la realización de los deseos o de planear para el futuro, la resignación y el fatalismo, y una gran tolerancia de patologías psicológicas de todo tipo", son otros de los rasgos. Además, "los seres humanos en la cultura de la pobreza son provincianos, viven en función de su ambiente inmediato y poseen un escaso sentido histórico. Sólo saben de

---

59

Lewis, Oscar. *La vida*. Editorial Joaquín Mortiz, México, 1969. (Vida de Soledad, cap. XIII)

60

Lewis, Oscar. *Pedro Martínez*. Editorial Joaquín Mortiz, México, 1964, pág. 3.

sus propios problemas, su propia situación local, su propio vecindario, su propio estilo de vida. Por regla general, carecen de los conocimientos, la visión o la ideología que les permitirían advertir las semejanzas entre sus problemas y los de sus congéneres en el resto del mundo"[61].

El trabajo profesional en Organización y Desarrollo de Comunidad necesita de este tipo de material, y debe recolectarlo para poder delimitar los grupos subculturales homogéneos, dentro de la comunidad real. A través del análisis de expresiones, historias, biografías, opiniones, lenguaje, creencias, tradiciones y valores, se podrá extractar un núcleo representativo de la subcultura.

También el análisis de datos cuantitativos será necesario a los efectos complementarios de la investigación. Éste, arrojará pistas sobre las variables relevantes de un grupo subcultural, para poder orientar las tipologías de los cambios que se pretende hacer surgir. Los resultados de aplicación de métodos de investigación de datos cuantitativos y los de investigación de datos no-cuantitativos deberán conformar complementándose, el diagnóstico global en cuanto a la situación real de la comunidad. Ya que la acción del trabajador social tiene que ver con microsistemas sociales y no con entes abstractos manejables por fórmulas de relación, es imperativa una labor de conocimiento y observación particular y localizada, de cuyos resultados surja la garantía de la efectividad de la acción.

La deformación interpretativa profunda de la situación real a que se ven enfrentadas ciertas comunidades, deformación incrementada, además, por una orientación propagandística masificadora, se nutre, también, de la fantasía inconsciente de una actitud colectiva propensa a la creación de estereotipos. Si bien el mecanismo detallado de todo el sistema de comunicación de estas subculturas es demasiado complejo para poder abordarlo en este trabajo, es importante señalar que, en la impregnación cognoscitiva de su interpretación del mundo y de sí mismos, están implícitos medios que, más allá de cada individuo, tienen que ver con esquemas colectivos de ideología justificatoria.

Alienadas en cuanto a las posibilidades de participación e integración social, alienadas también respecto de nuevas experiencias educativas, las comunidades reales se hallan alienadas, además, en relación a la percepción de sus propios contenidos culturales: tres formas éstas de enajenación que confinan a ciertos grupos a un encerramiento difícilmente salvable. Que la "cultura de la pobreza" es algo distinto de la pobreza misma, es una afirmación inteligente de Lewis[62]* que nos ilumina, también,

_____

61

[] Lewis, Oscar. *La vida.* Editorial Joaquín Mortiz, México, 1969. Prólogo, págs. L y LI.

62

[] Lewis, Oscar. *La vida.* Editorial Joaquín Mortiz, México, 1969, págs. L y LI del Prólogo.

* * "La distinción entre pobreza y cultura de la pobreza es de importancia fundamental para el esquema que estoy describiendo. Hay muchos grados de pobreza y muchos tipos de gente pobre, pero la cultura de la pobreza se refiere sólo a cierto estilo de vida compartido por los pobres en determinados contextos históricos y sociales". "La cultura de la pobreza, sin embargo, no es sólo una adaptación a un conjunto de condiciones objetivas de la sociedad general. Una vez que aparece, tiende a perpetuarse de generación en generación debido a su efecto sobre los niños. A los seis o siete años, los niños de los

respecto a otras diferencias que no se sitúan en el plano de la ubicación en los estratos socioeconómicos: dentro de subculturas étnicas, religiosas, tradicionales, ocupacionales, intelectuales, ideológicas, etc.

Son estos contenidos interpretativos preeminentes en cada subcultura los que ejercen su opresión sobre los nuevos miembros, derivando en un sometimiento reñido con las propias fuerzas autónomas de hacer y de ser en el mundo. En tanto una visión deformada de los hechos y las propias situaciones, sirva para justificar la realidad que se padece, y que ella arrastre, en sus imágenes, hacia la pasividad, la resignación y la indiferencia, las subculturas permanecerán permanentemente ajenas a los procesos de cambio suscitados por el trabajo en Desarrollo de Comunidad.

El hombre construye su propio mundo

La importancia de la decisión y el compromiso como elementos que integran la conducta no alienada, radica en la posibilidad de una elección personal, en el uso de la libertad de decidir entre varias alternativas posibles. Este tipo de ser humano, promotor de su propia historia surge –a diferencia del hombre que las ciencias humanas y el Servicio Social tomaron como modelo de sus concepciones hasta hace poco– de una revalorización de la experiencia vivida y de su influencia sobre el individuo. Porque "no existe la verdad o la realidad para una persona viva, a menos que participe, sea consciente de ella o mantenga alguna relación con la misma". O sea, no es lo mismo "saber sobre" que "experimentar", vivir directamente la situación que reclama de nosotros nuestra presencia total y comprometida. Por esta razón, resulta muy discutida hoy la orientación psicoterapéutica de la primera mitad de este siglo, de hacer hincapié en la interpretación del hombre conflictuado en base a una terapia adaptativa (psicoanalítica, gestáltica, de apoyo, etc.) en vez de fomentar la comprensión del sujeto como persona existente que construye su conflicto porque le es necesario. Así lo afirma Rollo May, cuando dice:

"Es evidente que los mecanismos freudianos tienden a analizar en formulaciones causa-efecto aisladas, lo cual se ajusta a la metodología determinista que predomina en la psicología norteamericana. En la actualidad existe una relación tripartita potencial y hasta cierto punto real, entre el freudismo y el conductismo en psicología y el positivismo en filosofía..."[63].

A los efectos cognoscitivos, la fenomenología propone arrancar de un intento de aprehensión directa de los fenómenos tal como éstos se presentan. Esa experiencia misma pondría en lugar central la decisión y la voluntad, pero no una decisión y una voluntad consecuencia de factores fortuitos exteriores al ser mismo, sino que "el hombre se orienta a sí mismo de una manera peculiar frente a los datos y de esta manera

---

barrios pobres ya han absorbido, en la mayoría de los casos, los valores y actitudes básicos de su subcultura, quedando así mal dispuestos psicológicamente para aprovechar las mejores condiciones o las nuevas oportunidades que puedan presentarse en el transcurso de sus vidas". (Pág. XLVII y sig.)

[☐] May, Rollo. *Psicología Existencial*. Editorial Paidós, Buenos Aires, 1963, pág. 16.

se compromete en alguna elección, por más insignificante que parezca: experimenta cierta libertad, por más sutil que sea"[64].

Esta tendencia de la psicología existencial propone la realización del individuo sin eludir los conflictos reales con el mundo, su enfrentamiento con los mismos, y todo lo que de ello se deriva. Así, el problema de la desalienación parece necesitar ser resuelto en el marco de la relación humana y por ende, en un tipo de sociedad estructurada a través de relaciones humanas desalienadas.

La idea de que el conflicto –tanto individual como grupal– es símbolo de anormalidad, es un concepto basado en definiciones de *salud y enfermedad* de tipo mecanicista y con tendencia a cierto dogmatismo conservador, y debe dejarse de lado en las ciencias que pretendan estudiar al hombre y su dinámica histórica. La idea de que todo conflicto tiene que ser necesariamente tratado a través de una terapia adaptativa y conciliatoria con las pautas de conducta imperantes, ha dado lugar a toda una serie de teorías explicativas de la conducta desviada en términos de anormalidad, tanto en la psicología como en la sociología de corte funcionalista, pero elude los aspectos internos relativos a cómo surgen y se instalan los cambios culturales.

Al reverso de esta concepción, corresponde una investigación sobre la dinámica del cambio cultural, pero no sólo en los universos macrosociales, sino en los microsistemas que son las comunidades reales. Esta investigación tampoco puede remitirse a teorías o interpretaciones de mundo ceñidas a esquematismos dogmáticos, porque la complejidad de las variables subculturas que entran en juego para ir alterando selectivamente algunas y no todas las pautas conductuales, no ha podido ser aclarada por ninguno de los evolucionismos esbozados en las ciencias antropológicas y en la teoría política[65].

Entonces, para que surja el *hombre nuevo*, no alienado por su situación en el mundo, y por las condiciones concretas en que debe resolver sus problemas, han de buscarse cambios socioculturales orientados a la posibilidad de su surgimiento.

Cambio social y cambio individual son dos aspectos de la misma búsqueda, porque los cambios que mencionamos se van a manifestar directa o indirectamente en un nivel transindividual, que se establece *entre* varios sujetos y que los trasciende, pero que parte y desemboca en el individuo, en el mismo individuo que no los acepta en cuanto no satisfacen sus necesidades. O sea, el punto central de toda planeación social sigue siendo el hombre concreto y determinado por una condición cultural y residente en un lugar geográfico. Ese hombre con nombre y apellido, permanentemente olvidado por las Ciencias Sociales, disuelto en las teorías generales pero ausente del ejercicio práctico, abordado sólo como porcentaje o como elemento casual azaroso. Creo que una de las causas de los fracasos reiterados de los programas que analiza Foster en Desarrollo de Comunidad, consiste en querer ver en la teoría interpretativa, la realidad,

---

64

□ May, Rollo. *Psicología Existencial*. Editorial Paidós, Buenos Aires, 1963, pág. 36.

65

□ May, Rollo, op. cit., pág. 48.

olvidando que toda teoría es una entelequia que surge de una reducción selectiva y parcial de la realidad.

No significa esto, tampoco, que nos limitemos a los quince o veinte individuos concretos con los que vamos a iniciar el trabajo, que procuremos que sólo ellos se desalienen y procuren algún cambio en la escala de sus posibilidades. Más bien, lo que queremos enfatizar es que, en la acción profesional, debemos partir de una realidad dada y no de un esquema interpretativo cerrado –si bien éste puede servir de orientador o generador de hipótesis operativas– realidad que ocurre efectivamente en el lugar con el que tenemos contacto concreto.

Tampoco se trata, como a veces se pretende, de dicotomizar práctica y teoría en una oposición absurda, o de solamente vincularlas en una correlación momentánea en tanto se planifica el trabajo. Se trata de elegir permanentemente la experiencia total viva de una situación en marcha, y a partir de su conocimiento profundo interpretado por una cosmovisión no-dogmática –o sea, pasible de ser corregida en la medida en que nuevos datos la contradigan– comenzar la acción social. Tomar la experiencia total viva como punto de partida, quiere decir que interpretación y experiencia configuran una entidad única, no separable.

"El estudio sociológico de los problemas del desarrollo económico no tendría interés, y quizás incluso no tendría objeto, si lo que estuviere en vías de desarrollo no fuese una *realidad humana*, un conjunto de relaciones sociales cotidianas y concretamente vividas, una estructura social y un estilo de vida. Es esto lo que realmente se transforma"[66].

Entre los señalamientos que Costa Pinto propone en relación al estudio del problema del desarrollo, está el estudio de las pautas y formas económicas y sociales preexistentes, "pues ellas son las que se transforman"[67].

O sea, toda transformación recaerá sobre el material ya existente, y éste será, a su vez, el punto de partida de toda modificación. En otras palabras, *la materia prima es el hombre*: el tipo de hombre sujeto de un tipo de desarrollo.

66

[ ] Costa Pinto, L. A. *Implicaciones sociales del desarrollo*. Fundación de Cultura Universitaria, Montevideo. Ficha N° 74, pág. 8.

67

[ ] Costa Pinto, L. A., op. cit.

Capítulo III

CONDICIONAMIENTO TÉCNICO PARA LA ACCIÓN PROFESIONAL

El grupo como unidad de trabajo

¿Por qué nos interesan los grupos en Organización y Desarrollo de Comunidad? Hemos sido testigos, últimamente, dentro de los intentos por crear teoría en Servicio Social, de un énfasis creciente en la interrelación de los métodos tradicionales y en la importancia de la búsqueda de una misma unidad de trabajo en todos los niveles de la acción profesional. Es decir, es necesario identificar el núcleo, el elemento práctico y técnico accesible al tipo de trabajo que desempeñamos y que además sea la base de fundamentación de la teoría. Es necesario encontrar el segmento de realidad sobre el que van a medirse los resultados de la acción. En este punto es que se ha sugerido al *grupo* como unidad integradora y accesible a la profesión en todos los niveles de acción.

Nosotros vamos a enfatizar esta idea, reafirmando que no sólo por lo antedicho, la unidad *grupo* reúne todas las características operativas para un trabajo teórico y práctico en Servicio Social, sino que además es el marco real hacia el que tienden a organizarse los individuos. En otras palabras, al tomar el grupo como unidad, no se está desvirtuando la realidad, no se está esquematizando al hombre sólo al contorno de su cuerpo físico y su conciencia, ni se lo está abstrayendo, en una generalización desmesurada, de la conflictiva social que lo rodea. El grupo *es* la realidad, o más bien, el sector de la realidad accesible para la capacidad y la dimensión profesional del Trabajo Social.

Pero esto no es lo único que habla en favor de este enfoque, porque si pretendemos iniciar o fomentar una transformación del *individuo como tal*, igualmente necesitamos el grupo. O sea, el individuo por sí mismo no se desaliena, no objetiviza – aislado– la relatividad de sus valores y su ética, a menos que en su confrontación con otros y *en la relación con otros*, contribuya a crear *normas grupales* que se vuelvan a cuestionar sus originarias concepciones, y a motivar en el individuo una revalorización. Newcomb lo ilustra con las siguientes palabras. "Las normas individuales no persisten en la situación de grupo. Es evidente que en la expresión de los propios juicios ante otros, así como en el hecho de oír a éstos formular los suyos, existe algo que afecta el tipo de juicio de una persona"[68].

Pero no se trata solamente de la expresión en el sentido literal de las ideas; se trata de la comunicación activa y significativa que crea *marcos de referencia compartidos*.

Mead ilustra muy bien la esencia social del lenguaje significativo cuando ejemplifica: "Cuando en cualquier acto o situación social dada, un individuo indica por un gesto a otro individuo lo que éste tiene que hacer, el primero es consciente de la significación de su propio gesto –o la significación de su gesto aparece en su propia experiencia– en la medida que él adopta la actitud del segundo individuo hacia ese

---

[68] Newcomb, T. N. *Normas sociales y actitudes comunes*. Ficha 85. Fundación de Cultura Universitaria, pág. 3.

gesto, y tiende a reaccionar ante ella implícitamente del mismo modo que el segundo individuo reacciona a ella explícitamente. De esta manera, todo gesto llega, dentro de un grupo o comunidad social dados, a representar un acto o reacción especial..."[69].

A su vez, Sprott retoma esta idea y dice: "...las relaciones sociales y la 'conversación de gestos' son anteriores al yo". Y luego: "la sociedad es pues un sistema de 'yos'... reflexionando, desde su propio punto de vista, las reacciones de los otros. El espíritu es pues una conversación interior"[70].

En este sentido, la necesidad de comunicarse lleva al establecimiento de grupos y de normas de grupo que posibiliten la acción conjunta y la formación de una "cultura de grupo". El sentido de la solidaridad, el concepto de lo que es importante, el consenso de lo gracioso y de lo aberrante, surgirán en el grupo con caracteres originales, propios de ese grupo y de las situaciones que se dan en él. La experiencia pasada va adquiriendo significado; en el grupo se crea una terminología y una conceptualización particulares. "A medida que las sesiones avanzan se establecen nuevas reglas y ciertos procedimientos se modifican, se refinan y se dejan de lado. Surge una cultura reconocible para ese grupo. Cada grupo posee una subcultura propia que es una versión modificada de ciertas partes seleccionadas de la cultura general. La importancia de tales subculturas reside no tanto en lo que añaden a la general, como en el hecho de que sin una cultura propia todo grupo sería sólo una pluralidad, un montón de individuos"[71].

La cultura de un grupo se constituye a través de la comunicación significativa, que, a su vez, intenta definir las situaciones en base a juicios y valores compartidos, que suponen, a su vez, normas de comportamiento.

Por otro lado, "los individuos pueden *interactuar* sin ningún cuerpo común de normas, pero no pueden *comunicarse* en el sentido de compartir significados por medio de su interacción"[72]. Es decir, la interacción por sí sola, no garantiza el simbolismo compartido en relación a experiencias similares, o mejor dicho, los marcos de referencia compartidos por los que se produce la comunicación.

Podemos, por lo tanto, sostener que, en un área con determinadas características evaluadas sociológicamente y antropológicamente, es más factible que en otra,

---

69

Mead, George. *Espíritu, Persona y Sociedad.* Editorial Paidós, Buenos Aires, pág. 3.

70

Sprott, N. H. J. *Psicología Social.* Apuntes CEUSS, 1960.

71

Olmsted, N. S. *El pequeño grupo.* Editorial Paidós, 1975. Buenos Aires., pág. 31.

72

Newcomb, T. N., op. cit., pág. 6.

encontrar una repercusión favorable para el trabajo profesional. Pero, al acercarnos al estudio de la misma, podemos comprobar, si es el caso, que la interacción que garantizaba la formación de núcleos propicios al trabajo, no era de *comunicación*, sino, por ejemplo, de estricto intercambio de servicios. ¿Cómo asegurarse que se parte de un núcleo verdaderamente comunicante? Considerando la formación de grupos relativamente homogéneos en relación a determinadas variables. O sea, si para Desarrollo de Comunidad, se reconoce como fundamental la incidencia de la acción social en un ámbito subcultural determinado, es preciso que se formen grupos cuyo proceso de crecimiento tenga capacidad de receptividad a esa incidencia. Variables como sexo, edad, ocupación, nivel educacional, tradiciones y costumbres, etc., deparan generalmente un punto de partida aceptable para comenzar a construir la base común que luego definirá el grupo, sin excluir nuevas variables y diferentes combinaciones, cuya heterogeneidad no signifique, sin embargo, dentro del grupo, desintegración.

Pero hay una perspectiva filosófica en este enfoque, la que tiene que ver con la forma de conocer la realidad. El contacto significativo con los demás individuos, su ejercicio permanente, lleva al hombre a dominar la realidad, a concebirla como resultado de las decisiones humanas, a hacerla moldeable, flexible, transformable. Es justamente en este diálogo múltiple con los otros que nos cuestionan y a quienes elevamos nuestros cuestionamientos, que se crea un conocimiento profundo de la identidad humana, de ese "quién soy" subyacente que permanece aislado de la personalidad societal.

Conocer la realidad, no es entonces propiamente, conocer de una zona, los índices de desempleo, analfabetismo, enfermedad o crecimiento, aun cuando ellos puedan dar al científico social una idea generalizada que traduce, de alguna manera, algunos aspectos de la realidad. Conocer la realidad es conocer al hombre concreto que vive en ella, la relación interpersonal que lo une a los otros, la forma cómo piensa, cómo trabaja. Los datos de un universo macrosocial sólo conforman un marco de referencia para el pequeño sistema con el que vamos a trabajar y del que necesitamos, además, datos experienciales y significativos. Conocer la realidad de manera reflexiva es tomar la experiencia concreta y particular como hecho global indivisible, y del diálogo del hombre con el hombre, extraer las bases de la investigación.

El enfoque tradicional en ciencias humanas ha sido muy otro: los elementos de una situación dada, los hombres concretos viviendo en un área local, sus interrelaciones, sus grupos, su cultura, han debido ser generalizados y rotulados para que pudiesen servir a la validación de hipótesis, perdiéndose, en ese tipo de abstracciones gran parte de la riqueza de la situación real. La vinculación entre práctica y teoría es necesaria, pero discutimos aquí el punto de partida, y la forma de conocimiento.

No sólo, entonces, lógica y metodológicamente es necesario tomar el grupo como unidad de trabajo en Desarrollo de Comunidad, sino asimismo, el hecho de plantearse el conocimiento de la realidad como praxis inseparable del sujeto cognoscente, implica atender al grupo como punto de partida de la investigación en Servicio Social.

Procesos de crecimiento en el grupo

Es Newcomb quien señala claramente la bipolaridad del grupo con respecto al individuo: "Las normas de grupo determinan pues, en dos sentidos, la conducta individual. Proporcionan tanto significados como fines. Proporcionan significados porque el individuo, de buen o mal grado, depende de las normas de grupo para la determinación de sus significados; sin ellas no puede comunicarse. Y proporcionan fines porque el individuo no puede ser indiferente a la aprobación o desaprobación asociadas con las normas. Inevitablemente, se ve inducido a acercarse a los objetos, personas, instituciones o ideologías cuyos significados son provistos por las normas"[73].

Si compartimos esta idea, es claro entonces que el grupo es, por excelencia, la forma de transformar las convicciones que motivan la conducta de los sujetos que lo integran. Su importancia como herramienta en relación a los objetivos de Desarrollo de Comunidad es grande, puesto que en él, y a través de él, hay que encontrar las técnicas de trabajo.

La pregunta sería, pues, ¿qué procesos es necesario que ocurran para que, en el grupo, se creen normas capaces de cambiar la conciencia alienada de los sujetos que lo integran? ¿Cómo pueden ser suscitados profesionalmente por el Asistente Social?

En primer lugar, será necesario un proceso de "crecimiento hacia dentro" o de profundización en el seno mismo del grupo. Generalmente se ha dado en llamar *integración* a esta etapa. Creemos, sin embargo, que lo que se debe suscitar en verdad es ese "crecimiento hacia dentro" que mencionábamos, contando que por *integración* entendemos una consecuencia lógica de este proceso. Ello implica que debe buscarse *la elaboración de la conducta del grupo* en un *sistema interno*, autocontenido, relativamente aislable del resto del contexto.

"Sistema interno es el conjunto de las conductas del grupo que no están directamente condicionadas por el ambiente y que no se incluyen bajo el sistema externo que es la conducta que permite al grupo sobrevivir en su ambiente. El sistema interno es la conducta del grupo expresión de sentimientos recíprocos desarrollados por sus miembros en el curso de su vida en común"[74].

Nos interesa, por tanto, el descubrimiento en el grupo de una *cultura propia*, de una cultura que emerge más allá de las pautas de conducta que el ambiente ha condicionado, y que por lo tanto están, en alguna medida, desvirtuadas en su autenticidad, por la cuota de socialización masiva a la que están sometidas. Nos interesa que aflore una subcultura auténtica, cuyos valores y normas se creen y recreen constantemente en el grupo mismo, "cultura que se constituye a través de los significados comunes, de la manera de definir las situaciones, y de las normas de creencias y de comportamiento"[75]. Estos significados comunes, esta manera de definir las situaciones, nacen de una comunicación a niveles existenciales. De allí surge la comprensión global del propio mundo y del mundo de los otros, y posteriormente, la

---

73

[73] Newcomb, T. N., op. cit., pág. 19.

74

[74] Homans, George. *El grupo humano*. Editorial EUDEBA, Buenos Aires, 1963, pág. 135.

75

[75] Olmsted, M. S., op. cit.

comprensión de lo que comúnmente se llama *la realidad*. "Si podemos comunicarnos acerca de algo, si entendemos y somos entendidos, el mundo es 'real'[76], dice Newcomb sugiriendo que la esencia de la comprensión no alienante del mundo está en la comunicación no alienada con otros.

Es el método psico-social el que destaca la objetivación de situaciones existenciales como punto de partida para la iniciación de un diálogo comunicante. Después de un estudio del universo subcultural del grupo y del análisis de los elementos más comunes que maneja en su vivencia, se construye un símbolo codificado (visual, auditivo o sonoro) que será luego descodificado por el grupo. Esta técnica tiene dos ventajas fundamentales: esquematizar los elementos de la realidad más comunes e inmediatos, y llevarlos a ser objetivados por parte del grupo. O sea, sacarlos del mundo cotidiano, para poder transformarlos en objeto de reflexión. El diálogo que generan las situaciones codificadas proporciona un dinamismo grupal que está respondiendo a la reflexión en torno a la realidad existencial del propio grupo.

Además del hecho de que la comunicación surge de las vertientes fundamentales de los individuos que dialogan, por ser esas vertientes vigentes y auténticas para los individuos que las viven, la comunicación que se genera toma asimismo este cariz. El grupo se enriquece por el aporte de todos, pero, más que nada, por el *encuentro de todos* en la comunidad interna y concreta que se presenta a su análisis. La reflexión propicia siempre el pasaje gradual desde el pensamiento particular y concreto al pensamiento generalizado y particular, de la conciencia ingenua a la conciencia crítica y cuestionadora.

Los objetivos y las limitaciones del presente trabajo no nos permiten entrar a analizar aquí detalladamente las implicancias de las técnicas del método psico-social. Baste sólo mencionar que este proceso interminable de codificaciones y descodificaciones que se repite hasta hacer aflorar los temas más profundos, a través del descubrimiento de las causas últimas de las situaciones que son objeto del proceso, lleva gradualmente a una actitud crítica, cada vez más global, que posibilita, finalmente, una re-interpretación de la realidad. En otras palabras, el "crecimiento hacia adentro" por parte del grupo es una desalienación con respecto a su situación existencial, y una re-valoración de la misma desde un punto de vista reflexivo. El grado de integración del grupo se consolida en ese descubrimiento común de una valoración nueva de su circunstancia, más bien que en la sola actitud de diálogo.

La aplicación de este proceso invade ciertamente los campos educativos del Trabajo Social, y desde hace tiempo se ha venido aplicando más o menos intuitivamente, en algunos grupos a cargo de Asistentes Sociales, promotores familiares, psicólogos, etc. También procesos similares se han dado en grupos que no estuvieron directamente involucrados con fines asistenciales. Tales experiencias, aunque no del todo sistematizadas, apuntaban ya al señalamiento de que lo educativo no puede estar ausente en ningún trabajo socialmente orientado, a menos que éste se torne una técnica mecanicista y deshumanizada.

Una de las ventajas más importantes que ofrece el estudio de estas experiencias grupales educativas y autoeducativas, es que nos introduce a una sistematización de procesos grupales que favorece su posterior medición y evaluación. Cuando la

---

76

⬚ Newcomb, T. N., op. cit., pág. 95.

interacción del Asistente Social con el grupo no es librada a la arbitrariedad, y tienden a controlarse las variables medibles del proceso, es más factible orientar el trabajo hacia objetivos fijados de antemano. Si la promoción de grupos en Servicio Social debe estar apuntada fundamentalmente hacia la educación de los individuos, y no meramente a su asistencia, en cada unidad se debe propiciar un "crecimiento hacia adentro", planificado y medido de tal manera que posteriormente, y por sí mismo, provoque un consiguiente "crecimiento hacia afuera", hacia la comunidad pensante y hacia el organismo social.

Hacia la comunidad

El proceso de "crecimiento hacia afuera" no difiere de la clásica etapa de maduración de un grupo constituido en un núcleo de acción dentro de la comunidad real. En estos términos, el grupo estará en condiciones de iniciar una primera *incidencia* en ella, incidencia que podrá ser planificada en sus objetivos generales pero que se reserva, asimismo, imprevisibles consecuencias.

Hopkins, en un estudio sobre la influencia de pequeños grupos, hace esta precisión: "*La influencia* es definida como *los efectos de la acción en el consenso normativo del grupo.* La influencia de un miembro en un período dado de tiempo, consiste en el *impacto de sus acciones* en el consenso durante ese período, y su influencia relativa es el impacto de sus acciones en relación al impacto de las acciones de otros miembros"[77].

Descontando que el término *incidencia* connota el de *influencia*, se deduce que la acción del pequeño grupo dentro de una comunidad cualquiera será medible solamente en relación a la acción de otros factores humanos, institucionales, históricos, ecológicos, etc. Por otra parte, si se entiende por *consenso normativo* el conjunto de valores, conductas y contenidos profundos que el grupo ha elaborado y reelaborado en el proceso de su formación como tal, la influencia que éste pueda desarrollar sobre el ámbito subcultural de una comunidad, será, de alguna manera, la *traducción* de ese consenso a *hechos sociales concretos y particulares.* La *praxis* será entonces el vínculo entre el grupo y la comunidad, vínculo que implica una comunicación significante, para la que sirve de puente, la subcultura común que se comparte. La comunidad real debe *comprender*, en mayor o menor grado, la acción efectiva del grupo hacia ella; de lo contrario fue *prematura* la definición de ese ámbito como *comunidad real*, porque esa comprensión está basada en una *subcultura compartida*, y el grado en que ella se manifieste dependerá de la efectividad de la acción del grupo.

Cuando decimos que se establece un vínculo de *comprensión* entre el grupo y la comunidad (o entre varios grupos y la comunidad), queremos significar que existe por parte de esta última un grado de *repercusión participativa.* ¿Cómo se manifestará? ¿Hacia dónde conducirá? ¿Cuánto tiempo demorará en hacerse visible? Son preguntas que ni el Asistente Social ni otros técnicos podrán contestar por el momento, porque la historia ha dejado, en esta etapa, de pertenecerles como profesionales, y ahora le pertenece como seres humanos. En la medida en que pueda suscitar procesos de crecimiento de grupos a través del Desarrollo de Comunidad, el Asistente Social asistirá

77

    [ ] Hopkins, Terence K. *The exercise of influence in small groups*. Columbia University Press, pág. 33. Trad. libre.

a una erupción de la acción social auténtica, aquella que los seres humanos son capaces de realizar cuando descubren su propia ligadura societaria.

En esa relación "grupo-comunidad real", tampoco los límites de la comunidad están claros. Más bien, ocurre que varios grupos de influencia tienden a irradiar su acción en derredor, recogiendo participación en varios grados. O sea, *no presuponemos* la existencia absoluta de la comunidad real, sino que la *buscamos* a través de la acción incidente de varios núcleos de acción social. Partimos *desde los grupos hacia* la comunidad, la que sólo podrá ser delimitada *en función de grados de repercusión participativa.*

Los grupos se integran a la comunidad como tendencias de irradiación activa; en realidad, toda vanguardia de acción social seguirá siendo ejercida por grupos pequeños, cuya maduración interna les provee de lazos internos más fortalecidos que los de la comunidad. Porque es utópico suponer, en primera instancia, que absolutamente *todos* los integrantes de una comunidad tomarán las decisiones y cumplirán las conductas acordes con ellas. El proceso desigual de auto-educación hará que muchos sean, en un principio, seguidores, participantes pasivos o receptores, de los beneficios de la acción de otros, capaces de reconocer a los promotores, porque su tipo de acción los identificará como tales.

Porque, así como dice Mead: "...lo esencial es el desarrollo de *todo el mecanismo de las relaciones sociales*, del mecanismo que nos une, de modo que podamos adaptar la actitud del otro en nuestros distintos procesos vitales"[78]. Ese desarrollo último del mecanismo de las relaciones sociales en su totalidad será la conversión final de toda la sociedad humana en una sola gran comunidad donde cada hombre, habiendo madurado hacia la plenitud de su conciencia social, no necesitará de trabajadores sociales para descubrirse a sí mismo y a los demás. Por la cercanía de ese momento sublime es que ahora nos esforzamos.

78

□ Mead, George, op. cit., pág. 288.

ÍNDICE

CAPÍTULO I. Desarrollo de Comunidad y cambio social y cultural 2

- Problemas relativos al cambio socio-cultural 2
- Problema de la causalidad en las Ciencias Sociales 4
- ¿Qué tipo de cambio socio-cultural? 4
- Cambio socio-cultural y cambio en la estructura básica6
  de la personalidad 6
- Cultura y personalidad 8
- Subcultura: unidad identificable 9
- Cambios históricos y cambios a nivel de Desarrollo de
  Comunidad 11
- Totalidad y enfoques atomísticos 12

**CAPÍTULO II. Condicionamiento real para la acción profesional
en Desarrollo de Comunidad** 13

- A la búsqueda de los conceptos 13
- Subcultura y comunidad real 15
- Un ámbito humano más que geográfico 19
- El nivel de la acción en Desarrollo de Comunidad 20
- Desarrollo de Comunidad y Planes Nacionales y Regionales 21
- Autenticidad del contenido cultural 23
- El hombre construye su propio mundo 26

**CAPÍTULO III. Condicionamiento técnico para la acción
profesional** 29

- El grupo como unidad de trabajo 29
- Procesos de crecimiento en el grupo 31
- Hacia la comunidad 33